U0912953

手把手教你「玩」定投

陆明 著

广东旅游出版社
GUANGDONG TRAVEL & TOURISM PRESS
悦读书·悦旅行·悦享人生

中国·广州

图书在版编目（CIP）数据

手把手教你玩定投 / 陆明著. —广州：广东旅游出版社，2021.1
ISBN 978-7-5570-1884-9

I . ①手… II . ①陆… III . ①基金—投资—基本知识 IV . ①F830.59

中国版本图书馆CIP数据核字(2019)第127692号

出 版 人：刘志松
责任编辑：龙鸿波
封面设计：谭敏仪
内文设计：何幸幸
责任技编：冼志良
责任校对：李瑞苑

手把手教你玩定投
SHOUBASHOU JIAONI WAN DINGTOU

出版发行：广东旅游出版社
社　　址：广州市荔湾区沙面北街71号首、二层
邮　　编：510130
邮购电话：020-87348243
印　　刷：深圳市希望印务有限公司
（深圳市坂田吉华路505号大丹工业园二楼）
开　　本：787毫米×1092毫米　1/16
印　　张：17.5
字　　数：248千字
版　　次：2021年1月第1版第1次
定　　价：48.00元

【版权所有 侵权必究】
本书如有错页倒装等质量问题，请直接与印刷厂联系换书。

序章

接地气的基金定投速成攻略

在详细介绍定投体系的内容之前，小伙伴不妨看看以下几个熟悉的观点，是否认可：

1. 基金定投是一种懒人理财法，简单又傻瓜，适合每一个普通人。
2. 学习基金定投门槛很低，基本上跟着别人投就可以了。
3. 基金定投是公认的低风险理财模式，所以是不会亏损的。

基金需要一年一换吗

◆ 小 A 的经历：

我的第一次基金投资经历，始于 2014 年，那会儿看了几本理财书籍，每本都教大家要基金定投，书里说："从长期来看，基金定投是不会亏损的，而且设置好之后就不用过多管理了。"想到大家都说定投简单，是懒人理财，于是我便在公司同事的推荐下，开启了定投之路。不知道如何买、何时买、如何卖、何时卖，全凭同事一步步指导。结果是买进去就一直跌，我定投一次亏一次；最气人的是，我每次觉得亏得多把定投停止的时候，它就涨上去了；我决定再定投一些吧……结果又跌了，投了不到一年，亏了将近 20%。

于是，我想"书上都是骗人的"，什么基金定投不会亏啊，都跌到底了，于是毅然决然把基金定投给停了，投资 P2P 去了。

◆ 小 B 的经历：

我是从 2016 年 8 月开始学习基金定投，当时根据基金平台的推荐和网友们晒出来的收益率高的基金来投资，结果越投越多。

因为平台推荐的基金会经常变化，每次他们推荐的都是年收益率高的基金，所以随着他们的不断推荐，我定投的基金也越来越多，最多时达到了 23 只基金。谁知道大部分都是亏损的状态，我就开始难过，坐不住，开始怀疑自己的基金是否选对。之后，我跟着很多讲基金定投的公众号学习，但发现各位老师的意见都不一致，给我的建议也各不相同：

◎就应该选指数基金，你这个主动型不灵，换指数吧

◎中国主动型比指数型好，选主动型没问题，但你这个现在已经不好了，换我这个吧

◎加入我们的跟投计划吧，每月提供你优选名单，妥妥地赚钱

◎现在不流行自己选基了，来试试我们的智能定投吧，保管赚钱

定投 1 年换 1 种，定投 1 年换 1 种，年年亏钱，什么鬼定投，再也不投了……以上是你的理财之路吗？怎么感觉和平时听到的基金定投不太一样？

不是说基金定投是低风险理财神器，包治百病的吗？那为什么还有那么多小伙伴非但没赚钱，还亏损了呢？

主要有以下两个原因：

◎自身理财经验和能力不足，只是单纯跟着别人定投

◎并没有系统学习了解定投，把定投想得过于简单了

“理财小白”的定投学习之路

1 理财第一步——余额宝

世界上竟然存在一种那么方便的理财方式，基本零风险，随存随取！之前把钱放银行，真的是错失了几百万的利息啊！

2 理财第二步——P2P

比余额宝收益更高的理财方式，平台兜底，保本保息，10%的收益简直不能再棒！

3 理财第三步——基金定投

余额宝收益太少了，P2P虽然收益高，但近来风险太大了，大家都说基金定投不错，要不试试吧！

图1　理财三步走

从货币基金到 P2P 再到基金定投，相信这应该是很多小伙伴的理财学习之路!

然而，相比前两次遇见的美好，第三次邂逅基金定投就是另一种情况了。

余额宝每天看到的是正收益，P2P 是定期产品，钱丢进去后到期取出钱，当中是不用折腾的。基金定投就完全不一样了，有波动，会浮亏，最可怕的是，每天都能看得到。

“为什么基金定投会亏钱啊，还一直是绿的啊，我的心脏好难过啊！”

要知道，能够坦然面对风险、波动、不确定性、能接受长期投资，这几乎就是王者段位的投资者了呀。“理财小白”哪有这个能力，自然是痛苦、彷徨、迷茫、无助都来了……

这就好比，本身是一群旱鸭子，之前只是在浅水区戴着游泳圈游泳，从来没有遇到过呛水（波动、亏损、不确定性），但突然有一天，觉得自己已经会游泳了，水性极佳有没有，一心想着脱去救生圈跳入大海。

结果，可能就是怕的再也不敢下水游泳（投基）了。

虽然有些直接，但事实就是如此：

闭眼买余额宝，OK；盲目跟着别人买 P2P，有好运陪伴没遇到风险，也 OK；但在对基金定投一知半解的情况下，就盲目跟着别人定投?

不好意思，还真行不通了。

为什么要系统学习定投

基金定投同时有天使和魔鬼两面。

◆ **定投的天使面——简单易操作**

平时该工作工作，该学习学习，该吃吃，该睡睡，简单一句话，就是定期买基金，不需要复杂的操作。

◆ **定投的魔鬼面——完全逆人性**

操作是很简单，但是背后的逻辑并不简单，是一个借助定投纪律来做到逆人性操作的投资方式，需要系统学习才能完全理解，否则不是掉坑就是无法坚持。

图 2 什么是逆人性？

看上去简单，但是真正做起来对于大部分理财小白来说就很难了。

◎在股市一直跌跌不休的时候，真的能保持清醒不盲目割肉，一直坚持下去吗

◎在股市大涨节节高升的时候，真的能一人独醒及时止盈退出，见好就收吗

这等于要“小白”去战胜贪婪与恐惧这两个人性的弱点！

如果没有对定投有过系统深入的学习，对自己有深刻的认知，要想长期坚持逆人性的操作真的是太难了。

唯有系统学习，自己理解了定投的逻辑，才能真正做到投基无惑！

重新认识基金定投

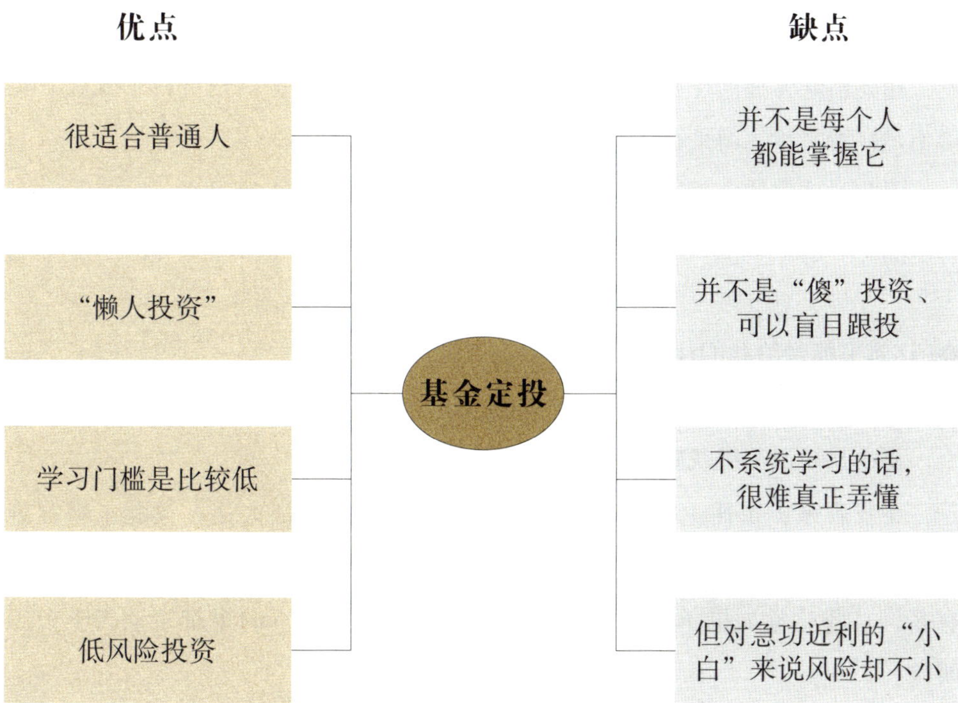

图 3 基金定投的优缺点

以下就是奥斯卡对于基金定投的认知：

基金定投就是理财世界的一个分水岭，对学习理财的人进行分化，让那些愿意认真学习理财、独立思考的小伙伴继续往前。

也正是为此，奥斯卡将自己学习定投的心得写成了“定投星体系”，希望通过这个系列能够帮大家系统性、一站式搞清楚基金定投，让每一个“理财小白”，都能轻松了解定投，学会去用好定投。

那么，奥斯卡的“定投星体系”到底有什么不同之处，具体又有哪些？

为什么要读这本书

◆ 这本书有什么不同

相比枯燥无趣的干货文，故事会更容易让人想读下去。这样的形式让人觉得不是在看文章，而是在追一部连续剧，根本停不下来。

因此，这次的定投系列，同样会用讲故事的方式为大家呈现。这是一个有趣的故事。

◆ 这本书能带给我们什么

化繁为简，把最核心的20%内容提炼出来系统地展现给大家。不讲究大而全，要的是知识够用就好，能看懂才最重要！

在我看来，市面上大部分关于定投的文章专业性都太强，读起来晦涩难懂，枯燥乏味。除此以外，还会有很多的图表、计算麻烦的公式和看不懂的专有名词。我感觉如果不是学好数理化的学霸，普通人真的很难主动去学习和研究。

而在奥斯卡的定投系列里，不管是太过复杂的图表、计算公式，还是我认为即使不了解也没太大关系的专有名词，统统都不会出现。

没错，这个系列就是为了拯救：

◎**刚理财入门，看到专业名词会头痛的“小白”**

◎**不擅长、也不爱做数学推导公式的“萌妹子”**

◎**忙着带娃，没有太多时间来研究的“宝妈们”**

这里有你真正能看懂的核心知识。不用你数学好，也不用你花时间搞懂专有名词，舍弃复杂的知识，来一次简单轻松的学习吧！

◆ **关于这本书**

这本书是一个系统的学习课程。现在关于定投的知识文章越来越多，知乎、百度、公众号……你能搜索到的定投知识更是不胜枚举。但为什么你越学定投反而越迷茫呢？

其实就是因为碎片化的学习，永远无法帮助你相对系统地去了解定投，你会陷在这种零散的知识里面，只要一碰到实际问题，仍然感到一头雾水。

当然，系统学习定投有一个问题，那就是比较慢，比较细，很多小伙伴会缺乏耐心。我也知道有一些小伙伴心里想的是：奥斯卡，你给个代码直接推荐基金就好了。这样看似最短时间拿到答案，可没多久你就会发现：满大街都是答案，到底该听谁的啊？

有的事情，慢就是快。“定投星体系”就是这样一个不讲究快速入门，也不是零散、碎片化的学习，而会是一个循序渐进，由易到难的系统课程。

学习阶段	定投相关疑问	奥斯卡的答案	小伙伴你的答案
第一阶段 了解基金定投基础知识	1. 定投和一次性投资有何不同		
	2. 定投的赚钱奥秘是什么		
	3. 什么时候可以开启定投		
	4. 定投需要多长时间		
	5. 定投如何退出止盈		
第二阶段 清楚选择定投的逻辑	1. 基金常见分类有哪些		
	2. 主动型股票基金和被动型指数基金，怎么选		
	3. 关于基金收益构成，α 和 β 代表什么		
	4. 什么是量化基金，适合定投吗		
	5. 什么是基金的投资风格和业绩比较标准		
	6. 什么是市场风格轮动，对定投有什么影响		
	7. 指数基金常见分类有哪些；怎么选		
	8. 什么是波动性？定投是选波动大的，还是波动小的		
	9. 什么是指数增强基金，适合定投吗		
第三阶段 明确具体定投的选择	1. 基金优选的标准是什么		
	2. 之前买的基金要调整吗，如何自检		
	3. 如何搭建一个适合自己的基金定投组合		
	4. 各种定投策略（估值定投、智能定投等），怎么选		
第四阶段 制定定投计划	1. 如何了解自身财务情况，有多少钱适合定投		
	2. 如何合理制定定投目标，为什么而定投		
	3. 如何明确风险承受能力，匹配收益目标		

表 1　定投学习自检表

表1把从“开始学习定投”到“最终配置完成”的每一个步骤都给罗列出来了，这既是定投学习的一个大局观，也是我们整个课程的学习自检表。

通过前面几个章节，手把手帮助大家一步步了解基金定投的相关基础知识，在之后的几章让你清楚选择什么基金来定投的逻辑，最终再给你一个可参考的执行方案。

等到这张表格全部填满的那一刻，也就意味着你已经完成了定投理念的学习和基金的选择，定投学习之路就通关啦！

（PS. 如果是对定投有过了解或是已经在定投的小伙伴，建议你先试着填一下这张自检表，写下自己的理解和答案，不清楚的可以空着。等系列结束时再填写一次，这样就知道自己的收获。）

◆ 小结

“极简、极懒、适合”，这三点将是定投系列文章的核心逻辑。会一直贯穿我们整个系列。遇到任何纠结困惑，只要问自己以下三个问题：**是否足够简单易懂；是否能够懒人操作；是否真的适合自己**，就能找到答案！

最有趣的是，当这个系列最终完结的时候，你会发现关于定投的最终建议，真的很简单、很懒人，可以说是完美契合“极简极懒”。

好了，序章的内容就是这样了。通过一个系统课程的学习，搞定一直困惑着你的定投，成为身边人眼中的“定投达人”，你会不会开始有点期待了？

目录

第五章

选基篇

第六章

第七章

第八章

第九章

第十章

第十一章

附录

引子

主人公：陆小逗（**人设：**一个完全的“定投小白”）

主角团人物：淡定大师（**人设：**一个隐世的定投“老司机”）

反派：贪婪君和恐惧君（**人设：**两大恶人）

公元2018年的某一天，陆小逗在两大恶人的追击下坠入了悬崖，万幸的是，挂在树枝上的他保住了性命。

小逗：居然掉下几百米的悬崖都没事，前面有一个山洞，貌似还有一个人，看来会像很多武侠书写的那样，遇到厉害的前辈要传我武功秘籍了！前辈您好，我叫陆小逗，喜欢上了武林盟主的女儿，但盟主嫌弃我，还派了两大护法来对付我，即使我修炼了很多武功也打不过，希望能得到您的指点和帮助。

大师：你具体修炼了什么功夫，说来听听啊。

小逗：这个就厉害了，我修炼了“追涨杀跌神功”“不要怂一把梭神功”。然而还是打不过他们两个，还因为我的操作把钱都给亏光了。

大师，一般在这个时候你会拿出一本绝世神功给我，我们别浪费文章篇幅了，麻烦你赶紧吧！

大师：武功秘籍是有一本，它便是《极简极懒定投真经》！

小逗：《极简极懒定投真经》？大师，你确定这个有用？名字那么随便，感觉不是什么厉害的绝世神功啊！

大师：哈哈，不试一下又怎会知道呢？人要是不定投一下，和咸鱼又有什么区别？

小逗：好吧，反正我知道按照故事设定，不学完我也出不去，就让我们赶紧开始吧！！

大师：小逗，《极简极懒定投真经》分为**心法篇**和**选基篇**。

小逗：大师，我能直接学习定投招式吗，心法有什么用?

大师：当然有用，看过武侠小说你肯定知道，修炼一门上乘的武功，必定离不开一段漫长的修炼过程。各种武功绝学基本都包括了内功心法与外在招式，习武之人都要先学习内功心法，再学习外在招式。如果内功心法不先修炼好，再多的外在招式也不能发挥应有的效果，甚至还有可能走火入魔。

知道你为何打不过“贪婪”“恐惧”两大恶人吗？因为你很容易就心浮气躁，自然无法战而胜之。

都说天下武功唯快不破，其实，其出招之快来自于修炼之慢，其功力之深来自于每一次微小的投入……

小逗：大师你赢了（太啰唆了），我听你的，就从头开始学吧。

心法篇

第一章

极简极懒定投真经

投资策略：

基金定投，最重要的就在于这个“定”字。

◎ 不择时，不预测市场——定期

◎ 不判断，强制性分批入场，积少成多——定额

买基金是“一把梭”还是定投

大师：小逗，你说之前自己修炼过“追涨杀跌神功”和“一把梭神功”，这些都是针对买卖基金吗？

小逗：对的，大师，因为我觉得股票好复杂、看不懂，觉得基金简单一些，等于是把我的钱交给基金公司专业人士来帮我买股票赚钱，所以就买了基金。

大师：那你是如何买基金？

小逗：这个就厉害了，我都是一次性买入，一把定输赢的，刺激得不得了。

大师：哈哈，那结果如何？

小逗：涨的时候，几天就赢利10%。当然，跌的时候，也可能转眼就变成亏了10%。其实我也知道，应该要等到市场到低的位置再一次性买入，这样我赢利的机会就大得多。但偏偏市场真跌到了比较低的位置，我又不敢买了，总是觉得会继续跌。然后就是一直等等等，一直等到反弹了也没敢买……

后来，就是看着涨许多，眼红了，觉得市场已经很好，担心错过上涨，就一把梭进去了。然后就没有然后了……

大师：按你所说，在低点因为持续下跌而恐惧，不敢买——“恐惧君”发威。

在高点又因为人性贪婪，而一次性买入之后遭遇亏损——“贪婪君”发威。所以你就真的被恐惧君、贪婪君他们两个打下悬崖了。

既然，你的“一把梭神功”战胜不了恐惧和贪婪，要不要试着换一种买卖基金的方式——定投？

小逗：大师，定投到底是什么？和我的“一把梭神功”又有什么区别呢？

什么是基金定投

大师：基金定投，最重要的就在于这个“定”字。

◎固定的时间——“定期”

◎固定的金额——“定额”

什么意思？就好比你吃饭吧，每天要吃三顿饭。从时间上说，这叫“定期吃饭”。每顿饭要吃三两主食。从量上说，这叫“定额吃饭”，就是每天吃三顿，每顿吃三两，这就叫“定期定额”。把吃饭改成买基金，就是基金定投了。

小逗：大师，这个我还是能理解的，但这样买基金的意义是什么？

大师：之前你买基金是不是一直在等一个合适的时机入场？

小逗：对啊，越低越好，这样赢利机会才大。

大师：那你有选对过好时机吗？

小逗：哦……

大师：定期的方式买基金，就是为了不预测市场，不去考虑市场的情况。我再问你，之前买基金你“一把梭”完了，是不是就任市场摆布了？

小逗：对啊，每次看到自己跌惨了，想加仓都没“子弹”了。

大师：定额买基金，就是不断在进行加仓，摊平成本，不用去判断自己买在高位还是低位。

所以，基金定投就是：

不择时，不预测市场——“定期”

不判断，强制性分批入场，积少成多，摊平成本——“定额”

小逗：大师，你别说，听上去还真是挺厉害的，有点意思，但我有点好奇，这样定期定额地买基金，真的比一次性买入更好吗？

大师：说完了基金定投的基础概念，我们来举个例子来说明吧。

神奇的定投

大师：小逗，我问你，你还记得最近的一次牛市是哪一年，最高点在几月吗？

小逗：记得，2015 年 6 月，我不会忘记这个日子的。

大师：那我问你，假设用你的“一把梭神功”在那个时间投资进去，会是什么结果？

小逗：那肯定亏死，根本没其他可能性，哎，别问我是怎么知道的……

大师：那我再问你，同样是这个时间，如果用的是基金定投的方式进去的话，你觉得又会如何了？

小逗：也亏啊，80%，50%，还是 30%？看你啥时候出来了，反正肯定亏就对了。

大师：是吗，你进“时空修炼屋”* 去回测一下实际的情况。随便选一个业绩一般的基金。比如，华夏上证 50ETF 联接 A（001051），每月 1000 元，从 2015 年 6 月开始定投，看看到 2017 年 3 月是个什么状况。

* “时空修炼屋”是一个神奇的地方。在这里我们可以回到 A 股历史上的任意一个时间段进行回看。你可以把这个地方看作是基金定投收益计算器的“山洞版”。

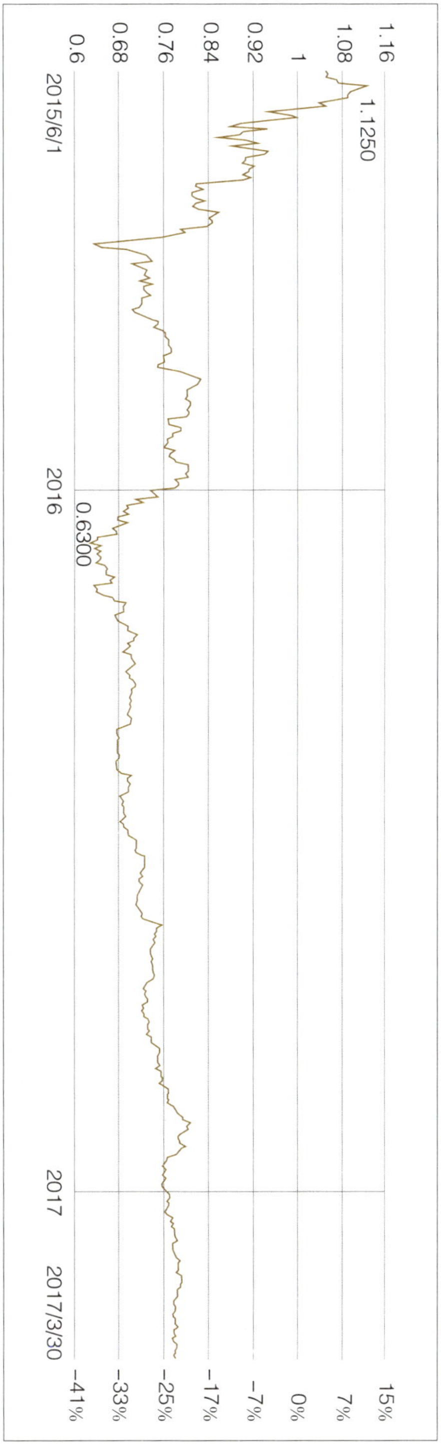

图 4 华夏上证 50ETF 联接 A 基金走势图

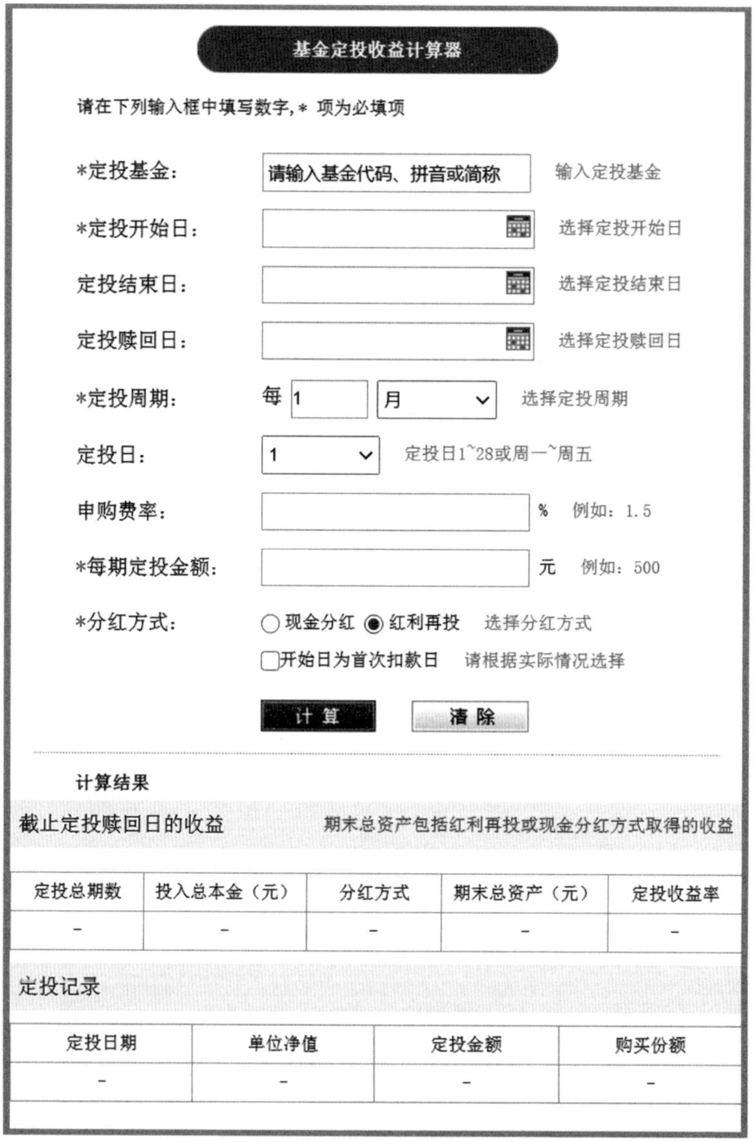

图 5　基金定投收益器

【适用于计算基金投资的盈亏金额和盈亏率。（本计算器采用外扣法计算）】

小逗：定投收益率为5.51%！不可能吧，大师，竟然没亏，还是正收益！从那么高的位置买下来，不亏就是奇迹了，怎么可能还会赢利呢？一定是你用了特别的时间、特别的基金，我们再来一次！

大师：好啊，再往前追溯，回到之前一个牛市的巅峰，这次你把“一把梭神功”也一起算上，对比一下如何？

“一把梭神功”VS. 定投真经

大师：2007 年的那波牛市的是在 10 月 16 日来到了最高点 6124 点，当天我们用 100 万资金，分别通过两种方式买入融通深证 100 基金（161604）：

第一种：一次性买入融通深证 100 基金 100 万元。

第二种：定投融通深证 100，每月扣款 5 万元，定投 20 个月，总投资也是 100 万。

其中，黄线代表定投收益，黑线代表一次性买入收益，来看下这两种投资方式的收益对比（见图 6）：

2009 年 5 月 5 日，上证指数 2567 点时，定投就已经回本，而一次性买入还亏 45.46%；

2009 年 7 月 28 日，上证指数 3438 点时，定投已经赢利 36.13%，而一次性买入还亏损 26.09%。

小逗：好神奇！同样从最高点买入，在“一把梭”亏损的情况下，基金定投竟然可以赢利这么多！服了，大师，这次我彻底服气了，不得不说定投基金这种投资方式真的是够神奇的，简直完胜我的“一把梭神功”啊！

但我很好奇，你说从最高点一路定投下来，都还有这种收益率，那如果不是牛市最高点，而是熊市就开始定投，收益率岂不是逆天了？

定投是以什么形式来做到可以不亏损，还能最终赢利呢？定投的赚钱奥秘到底是什么？

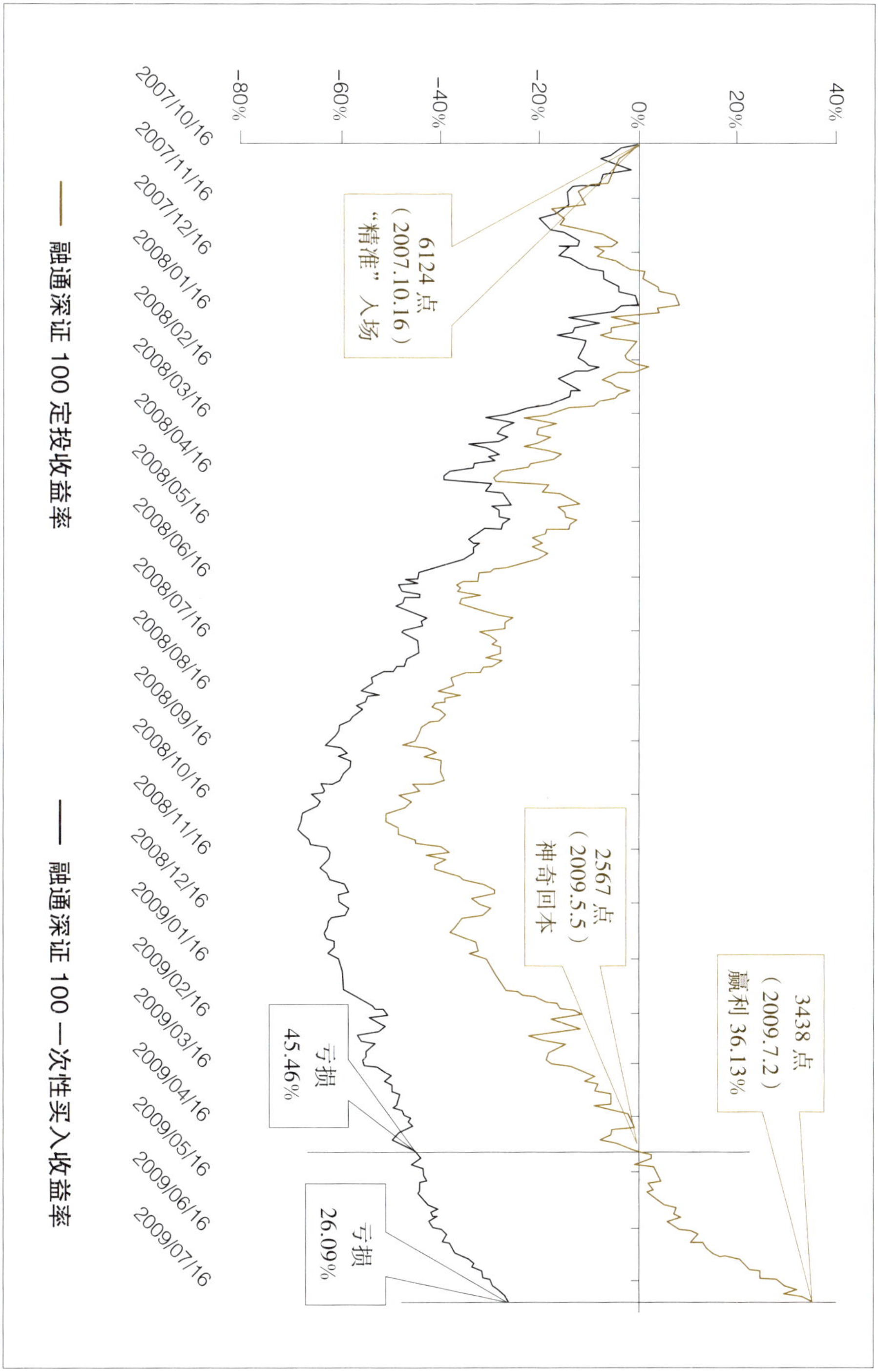

图 6 定投与一次性买入收益对比

定投问答

“我平时都是看行情大幅下跌后，再单次投资基金的。换句话说，如果行情一直震荡下跌，我这样分批投入的话，是不是比系统固定时间定投的收益率要高？”

奥斯卡：理论上来讲，如果你能在市场下跌的时候克服恐惧，越跌越买，并且能证明收益好过定投的话（这个不一定），当然可以自己操作而不用定投。

但对于绝大多数普通人来讲，追涨杀跌是常态，真的很难在市场下跌的时候不恐惧，并坚持投入。很多人自信地认为自己可以把握股市的波动获得额外的收益，最终却是获得了额外的损失。

定投可以帮助我们克服贪婪和恐惧。这是一种强制性的、非常有纪律性的投资方式，别去考虑股市的涨跌，也不要试图抓住这种涨跌。

此外，天天盯着股市行情对于大多数人来讲是不现实的。一是会占用我们大量时间，影响我们正常的工作；二是每日看盘，距离股市太近，更容易产生贪婪恐惧。

因此，定投这种省心省力的方式更适合大多数普通人。

第二章

基金定投 先跌后涨的秘密

股市的牛熊更替、涨跌轮回为我们描绘出了一条条完美的定投“微笑曲线”。这些看似简单的曲线，却诠释了定投的精髓。只有在下跌市场中不恐惧、不放弃，才能让定投笑得更美！

在了解了定投最基础的一些概念后，小逗发现定投和自己之前擅长的“一把梭”投资竟然有很多不同。此时此刻，他的心中满是疑问：

为什么即使在牛市的最高点开始定投，经历市场惨烈的洗礼后，定投却可以不亏钱，甚至还能赚钱呢？

现在，就让我们跟着小逗，一起去探索基金定投赚钱的奥秘吧。

一路涨 VS. 先跌后涨，选哪个定投好

大师：小逗，这里有两个图形，让你选一个用定投的方式来投资基金，你选哪个？

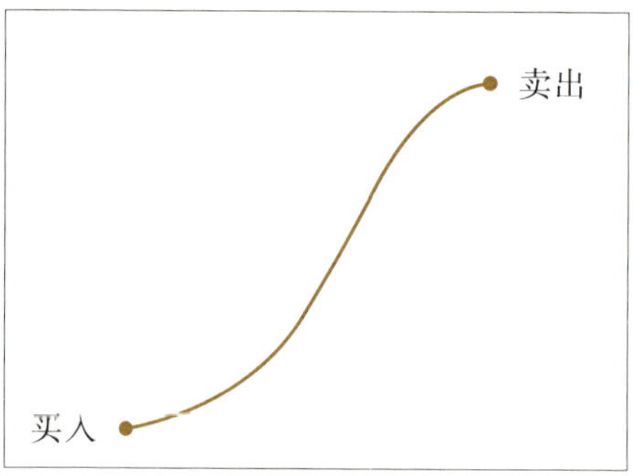

图 7

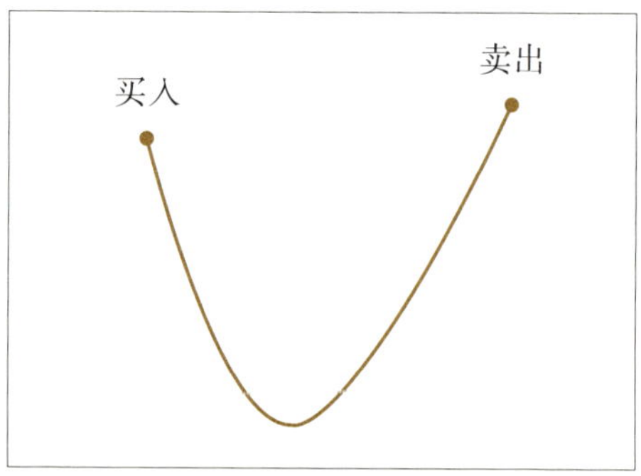

图 8

小逗：大师，我肯定选图 7，按照我的“一把梭”买法，赚翻啦！

大师：又来“一把梭”……是不是还嫌自己没亏够啊？看清楚了，我现在问的是定投！

小逗：定投的话那就说不准了。上次大师你讲了个从牛市最高点开始定投的例子，比图 8 夸张多了，结果却依然能赚钱，这次很可能也是图 8，定投赚更多吧？

大师：我们来个实际测试（图 9）你就知道了。

◎情况一：从 1 元一路涨至 1.5 元

◎情况二：从 1 元跌至 0.2 元再涨回 1 元

每个月定投同样的金额，收益对比如下：

◎一路上涨的定投收益为：26.78%

◎先跌后涨的定投收益为：136.67%

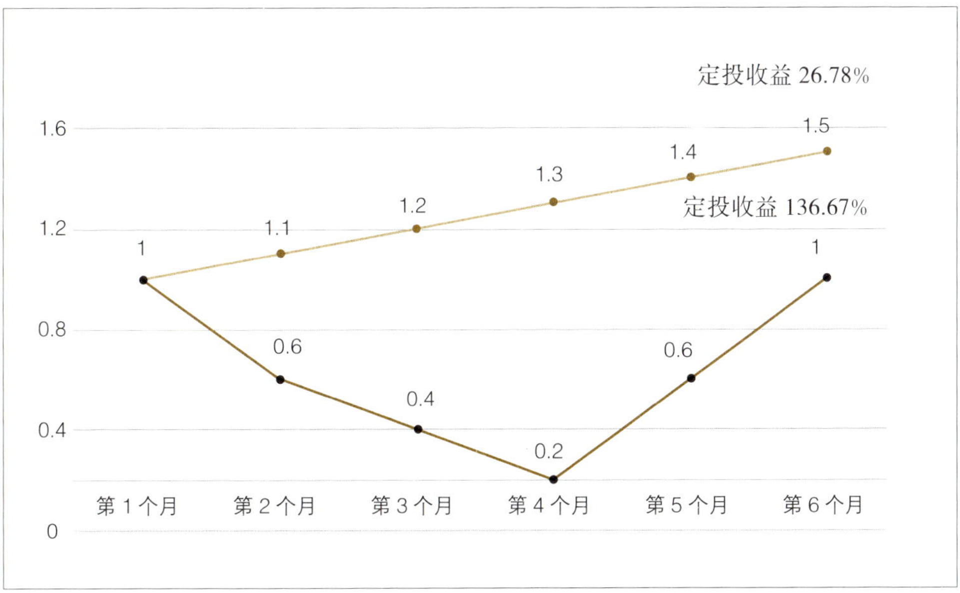

图 9　一路上涨 VS. 先跌后涨

小逗：我就说吧，定投真的是好神奇啊，明明前面都亏了好多了，怎么最后会比一路赢利往上的收益还更高呢？更厉害的是，这收益都要多出近 4 倍了！大师，你快给我讲讲这是怎么回事，定投到底是怎么赚钱？

定投小故事

卖冰棍的小姑娘

大师：在讲这个奥秘之前，你先听我讲个“卖冰棍小姑娘”的故事吧：

家住江南的蓉儿有一份文员的工作，除此以外周末还会兼职卖冰棍。她把每月收入的一部分用来做冰棍生意，300 元 / 每月。冰棍有进货成本价和零售指导价，两个价格会随着不同的月份（天气冷热）而发生变化。在 7～8 月份，进货价最高，蓉儿用 300 元只能买到 60 根冰棍；在 12 月到来年 3 月期间，进货价最低，蓉儿用同样 300 元却可以买到 300 根冰棍。

月份	气温	进货价	零售价
7、8 月	最高	5 元	6 元
6、9 月	较高	4 元	5 元
5、10 月	一般	3 元	4 元
4、11 月	较冷	2 元	3 元
12、1～3 月	很冷	1 元	2 元

表 2

大师：小逗，如果是你的话，你会怎么来做这笔生意，从而让自己利益最大化呢?

小逗：如果按照故事设定 ——

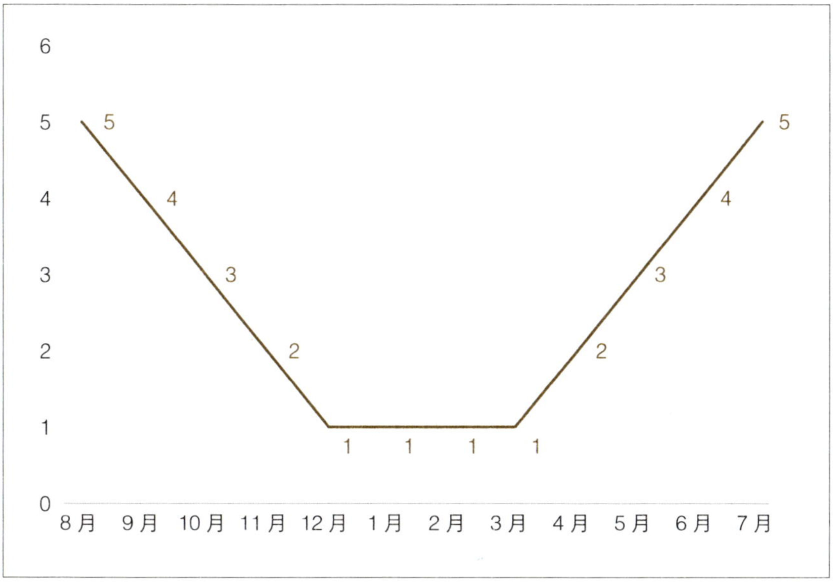

图 10 冰棍单价走势

◎每月（定时）定额（300 元）买冰棍

◎不同季节，不同买价，不同卖价

◎冬天可以买最多，夏天可以卖最贵

我是蓉儿的话，就在冬天囤货只买入不卖出，等到夏天卖出价最高时再一次性卖掉，这样就赚最多。

大师：哈哈，那我再问你，按照你的想法，既然要等到夏天卖出价最高时才一起卖掉，那么其他季节进货时，你会希望冰棍的进货买入价高还是低呢？

小逗：那还用问，那当然是希望买入价越便宜越好，这样才能用同样一笔钱买到更多的货！

大师：请记住你此刻的选择，我们接着来说定投。

“微笑曲线”——定投赚钱的奥秘

大师：小逗，请你——

◎把冰棍的“进货价”对应上基金的“买入价”

◎把冰棍的“卖出价”对应上基金的“卖出价”

◎把自己想象成基金的“买家”

现在，再来回答一下上面问你的同一个问题吧。

小逗：我会希望在基金买入价低，也就是便宜的时候多买点，然后等到基金卖出价高的时候再卖出。并且，我会希望在买入时，基金的价格越低越好！

大师：很好，这些可都是你自己说的。现在，请看图 11！

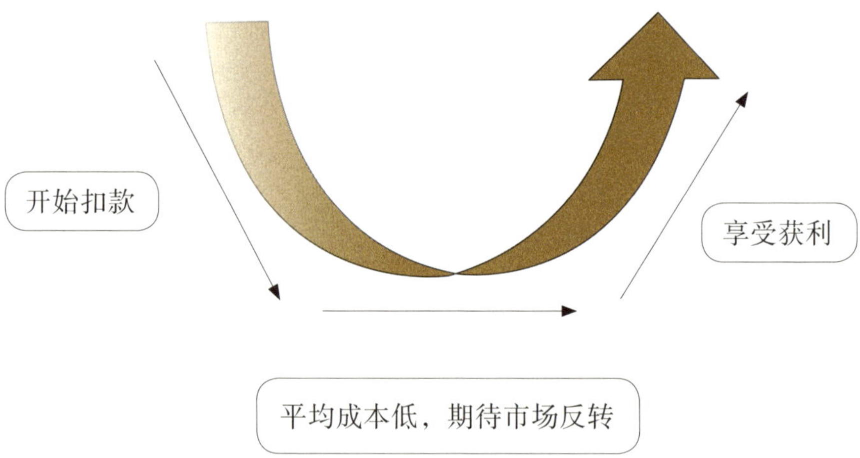

图 11 定投“微笑曲线”

大师：这便是你百思不得其解的，为什么定投先跌后涨反而能赚更多钱的原因了。

◎在开始定投之后，如果市场下跌，基金的价格（买入价）就会变得越来越低，定投的金额是固定的，买入的基金份额反而会越来越多，这就好比是在寒冷的季节买了好多冰棍囤着一样

◎在市场回暖之后，迎来一波上涨，基金的价格（卖出价）变高，将基金份额一次性卖出，就好比来到了夏季，将之前囤着的冰棍一次性卖出，便能赚到最多的钱

这个“先跌后涨”的曲线，被人们称作为“微笑曲线”，它也是基金定投赚钱的最大奥秘！

小逗：这真的是完全颠覆了我之前的认知，现在我算是理解定投和一次性投资最大的不同了：

◎一次性买基金的话，我肯定是希望能买在最低点，然后还希望基金净值最好是直线涨上去，这样能赚得多

◎基金定投的话，如果是一路涨上去，基金的价格（买入价）会变得越来越高，导致一次次买入的成本也在变高，实际上赚得并不多。反而是先跌下去，才能以更低的成本，买到更多的份额，从而让最终的收益变得更高

大师：理解非常正确，给小逗你点赞！

小逗：谢谢大师，那么问题来了，了解这个原理对我们投资有什么实际的参考意义呢？在股市里也会有“微笑曲线”吗？

“微笑曲线”在股市里，存在吗

大师：小逗，你问了一个好问题，在股市里有没有“微笑曲线”？答案是，当然有，而且上一次的“微笑曲线”，离我们还不远呢。

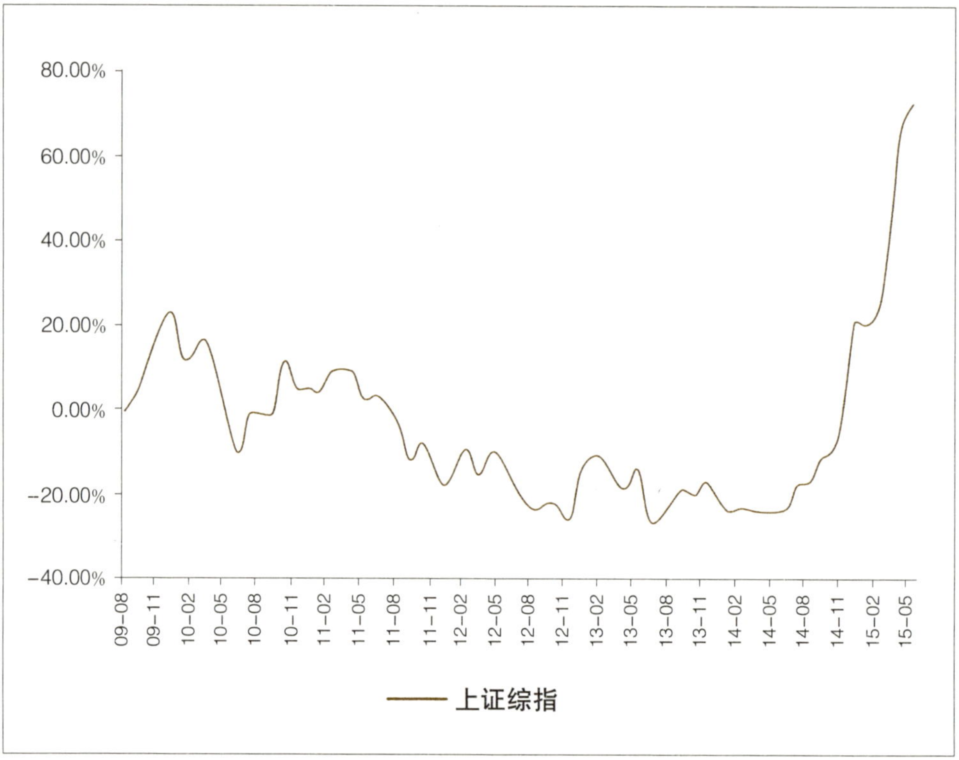

图 12　时间：2009 年 8 月 4 日（3478 点）— 2015 年 6 月 12 日（5178 点）

（数据来源：Wind）

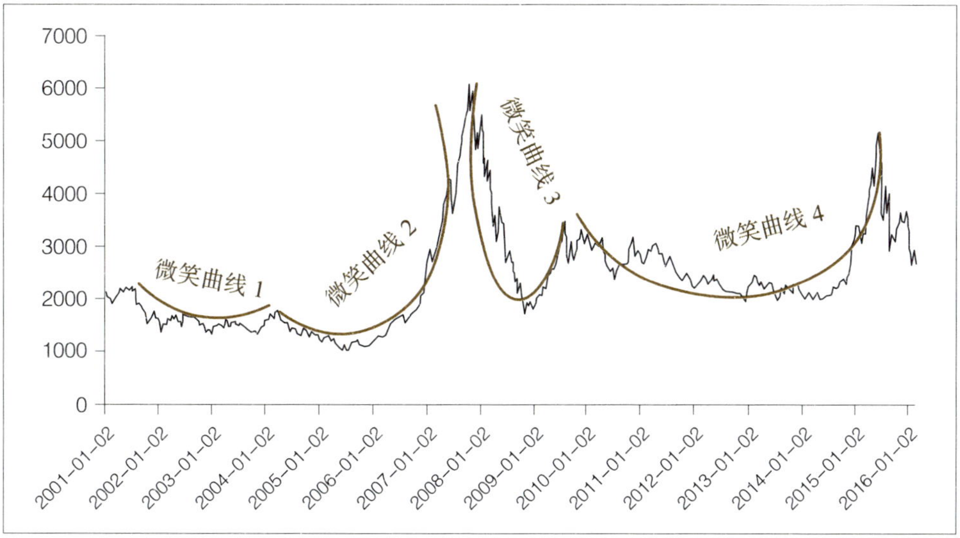

图 13 2001 年以来上证指数出现 4 次定投“微笑曲线”

再拉长时间，如果我们将上证指数模拟成基金，并假设从 2001 年开始定投这只上证指数基金，那么，这条神奇的“微笑曲线”就已经出现过 4 次。

图 14 5178 点以来上证指数走势

现在的话，从 2015 年 6 月 12 日（5178 点）至今，已经过去了整整 5 年了。毫无疑问，上证指数正画着下一次的“微笑曲线”，只是现在很可能还在画左边的笑脸，右边的笑脸还并没有完全笑起来。可以说，市场留给了我们很多想象的空间。

小逗：大师，之前的四次“微笑曲线”我都错过，这次我不想再错过了。定投真神奇，“微笑曲线”真厉害，我要定投！

但是，大师，我该什么时候开始定投呢？现在就可以吗？

定投问答

"我定投 1 年多了，市场一直跌，看着账户里的亏损越来越大，好心疼啊。这么无穷无尽没完没了的跌，我已经没信心定投了。现在都不敢想定投能挣多少钱，只要能回本就行。你觉得我还有必要坚持下去吗？"

奥斯卡：事实上不只你一个人，我知道有很多小伙伴都或多或少会有这样的想法，毕竟大家选择基金定投的真实想法都会是：帮我赚钱。其实这还不够，最希望的是：能快速帮我赚钱。

所以，别说月月投、月月亏了，即使不亏钱，只要一段时间后定投没帮大家赚到钱，就很容易对定投产生怀疑了。

其实要不要继续定投，要不要继续坚持下去，就看你有没有真正理解和弄懂基金定投赚钱的奥秘，能否将自己的心态调整为长期定投者的心态。

第一，关于基金定投赚钱的奥秘

当我第一次拿出真金白银投资的时候，看到绿字也会忐忑不安。绝大多数时候，我们的忐忑是因为不知道自己投资的是什么，它怎么赚钱?

现在，我们知道自己在做基金定投，它赚钱的奥秘是"微笑曲线"。

然后，我们知道"微笑曲线"是一条"先下跌再反弹"的曲线，由左侧笑脸（下跌）以及右侧笑脸（上扬）共同组成。也就是说，我们知道了自己现在经历的月月投、月月亏，从中长期看，都可以看作是"微笑曲线"的前半段——左侧笑脸。**一个完整的"微笑曲线"，没有前期下跌的过程（积攒份额），就没有后期反弹的过程（获取收益）。**

第二，关于“长期定投者的心态”

首先，我们知道基金定投的奥秘是“微笑曲线”。

其次，我们知道，“微笑曲线”代表的是先跌后涨。

定投前期看似是亏损（只要你不卖就不是真的亏损），但实际上是在帮助我们捡便宜货；账面亏得越多，其实代表的是你可以花同样的本金买到更多的份额，积累足够的筹码。甚至，可以说定投永远都“不会亏”：

◎股市上涨，账面看上去漂亮，可以满足我们当前的利益

◎股市下跌，份额赚得盆满钵满，可以满足我们长远的利益

◎熊市赚份额，牛市赚资金，过程越艰辛，结果越丰硕

理解了这些，你就有了长期定投者的心态，可以更淡定地面对市场的涨跌。

	下跌	上涨
普通基民	怎么又跌了？这下好了，一天伙食没了……受不了，越亏越多不能再投了，赶紧暂停割肉。	又涨了，涨势真是喜人，赶紧再多买点，机不可失，失不再来。
拥有长期定投者心态的“佛系”基民	哦，跌就跌呗，反正我是长期定投现在又不急卖出，反正我懂“微笑曲线”能理解账面浮亏，正好借此积累更多便宜筹码，美滋滋。	涨久必跌，跌久必涨，坚持一颗平常心，反正一直定投中。 心中有定投，眼里无涨跌。

表 3　普通基民 VS.“佛系”基民

也许你真的很难喜欢上浮亏，但慢慢习惯它、不讨厌它，你的定投会更加轻松。希望通过本书可以给你一些信心，不仅仅是感性上说服自己要坚持，理性上如果也能心悦诚服，这样就不会感觉在下跌中坚持是一种痛苦和折磨了，反而觉得下跌行情是真的风光无限，就像淘宝到处打折一样。

学会与时间做朋友，做到涨也开心，跌也开心。

只要坚持，一定能看到微笑的右嘴角！

小测试

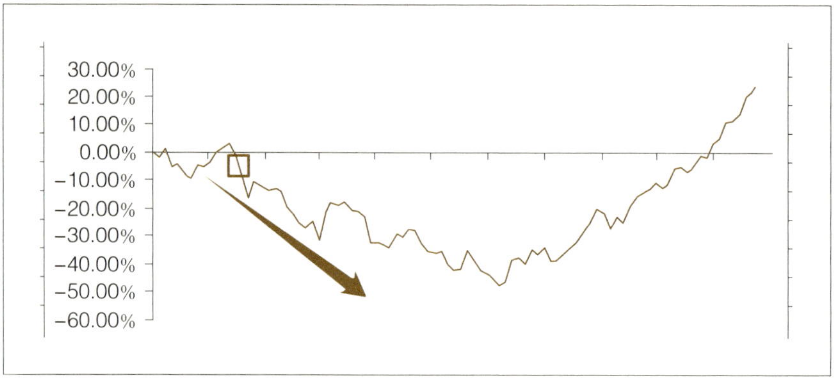

图 15

如果现在你在图中的方框位置，你的心情会是？

A：完了，还要继续亏损那么久呀太折磨人了，把定投停了吧，等跌到底了再投吧！

B：太棒了，又可以捡便宜了。下跌了看份额，上涨了看账面，心情稳得很！

你的答案是A还是B呢？

第三章

开启定投是否要挑良辰吉时

等到低点才开始定投，你的收益不一定更高。

在最高点开始定投，你也能赚到钱。

定投成功的关键不在于选时，而是尽早开始。

开始定投要“等等等”吗

小逗：大师，开启定投要不要选个良辰吉时？

大师：你指的良辰吉时是什么意思？

小逗：就是……要不要看准了再定投？比如，等市场跌得更多一些再开始定投，这样是不是会更好一些呢？

大师：你，是陷在“一把梭投资法”里出不来了吧，总想着低点买入。

这样，我们通过一个实际案例来解答你对于定投开始时间的困惑吧。

提问：假设现在的点位是3000点，你会选择现在就开始定投，还是等指数再跌一下，比如到2900点再开始定投？

小逗：那当然是抄个底再开始，毫无疑问！

大师：好，那让我们到“时光修炼屋”看一下实际的定投情况如何吧！

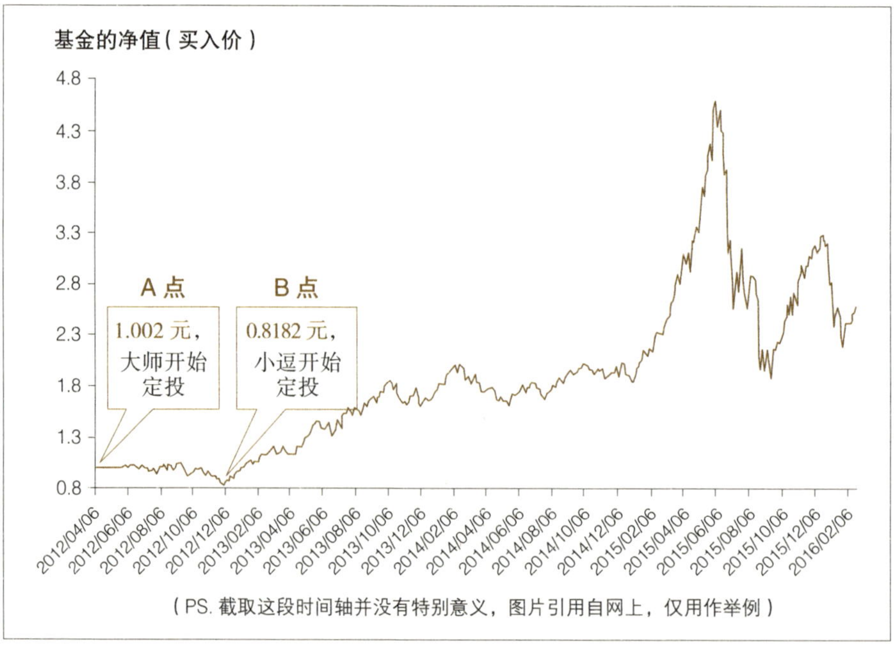

图16 基金价格（净值）曲线图

大师：图 16 是一个基金的价格（净值）曲线图。我在 A 点开始定投，每月定投 1000 元。小逗，你看了又看，想了又想，最终非常“幸运”地“等”到了基金价格更低的 B 点进入，同样每月定投 1000 元。如果在一段时间后，市场走出了一波很好的行情，我们同时卖出，你觉得谁更赚钱呢？

小逗：大师，我的买入点更低，卖出点相同的话，毫无疑问是我吧？

大师：如果是一次性买入，答案是你没错，但是，别忘了现在是定投，让我们一起来看下到底谁的“收益率”更高。

真相是这样的：（见图 17）

大师：因为进入时点不一样，我俩扣款的金额不同，这里就只比较收益率。黄线是我的定投收益率，黑线是小逗你的。

从图 17 中可以看到，除了刚开始定投的几个月，其他时间我的收益均在你之上！

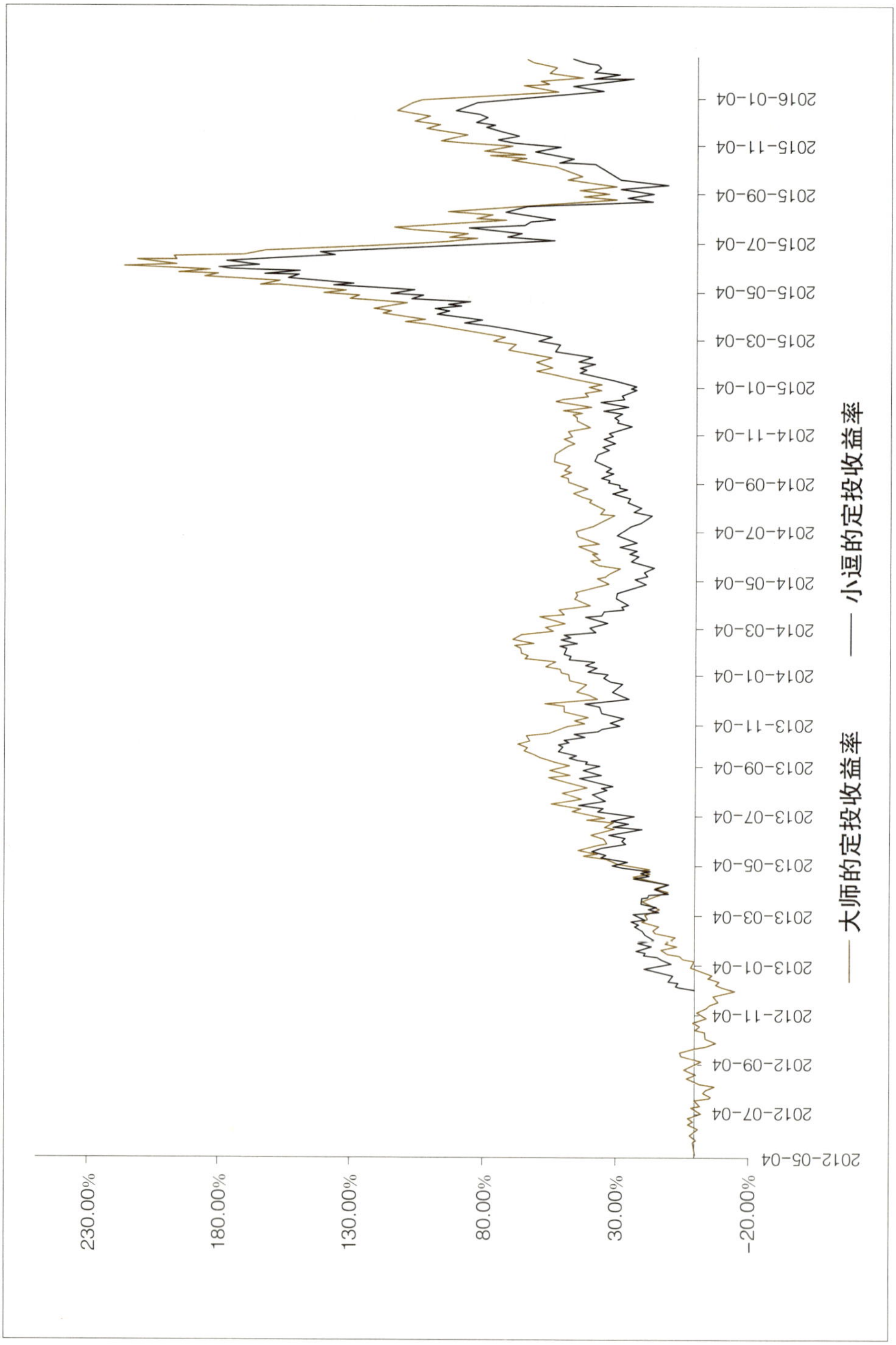

图 17 现在买入 VS. 趁低入市收益对比

定投无须择时的奥秘

小逗：大师，我有点糊涂了，这是为什么？

大师：秘密之一就是我们上次刚刚讲过的“微笑曲线”。由于我定投进入的点位高，在你进入之前，基金的价格（净值）一直处于下跌的趋势——**“画‘微笑曲线’的左边脸”；看账面虽然是不断在浮亏，但实际上买入的基金份额却是越来越多，有效拉低了平均成本。**

在你加入之后，基金净值就开始回升——“画‘微笑曲线’的右边脸”。而你并没有画出完整的“微笑曲线”，导致整体的平均成本比较高，加上基金份额没我多，收益率自然就会低一些了。

	开始定投的时间	定投过程	基金份额	最终收益率
大师	不纠结，随时开始	经历了先跌后涨，走出了整个“微笑曲线”	买到的基金份额更多	定投收益率较高
小逗	刻意等了一个低点进入	只经历了上涨	买到的基金	定投收益率相对较低

表 4 定投时间点

小逗：原来是这样，不得不再次感慨定投真奇妙！只能说我还没完全理解定投的核心理念，再一次把定投和一次性投资给搞混了，只想着再等等，可能之前都是“一把梭”，总想着抄底，根深蒂固了。

大师：秘密之二在于时点投资和时段投资的不同！你总是想着的“一把梭买入法”，可以称之为“时点投资”，在一个点一次性买入；而定投是“时段投资”，选择了一个最低的时点开始定投，只代表这一期的投资成本最低，并不能保证整个定投周期的投资成本都那么低。

同样的，即使开始定投的点位高，甚至在牛市顶端开始，这也仅仅代表这一期的投资成本较高，事实上它只是我们定投计划中的 1/N，没必要过度紧张，很可能之后几期就落在低点，只要坚持定投，走出“微笑曲线”就可赚钱。

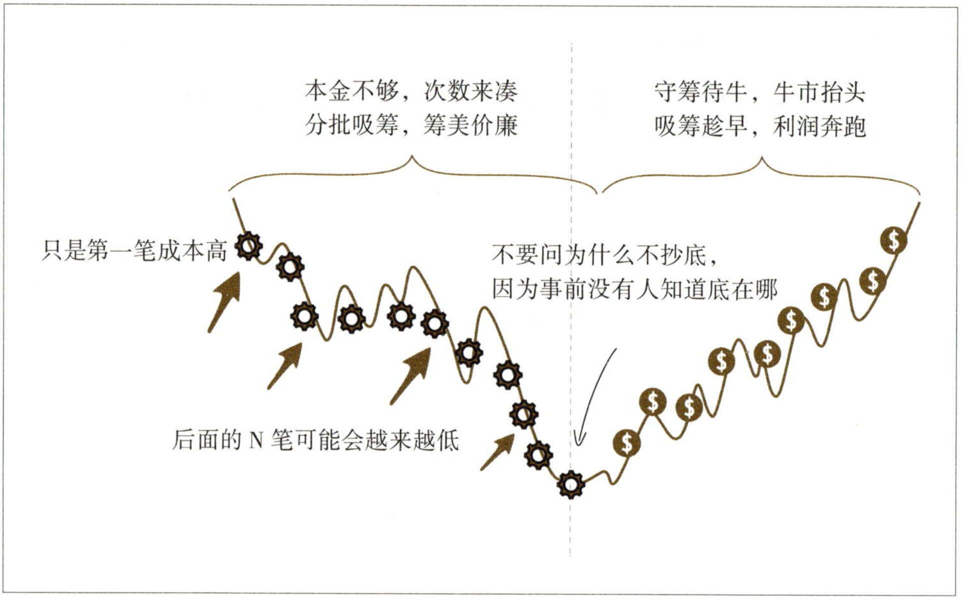

图 18　时段投资心态

综上，不论是从“微笑曲线”的角度，还是从“时段投资”的角度去理解，都可以得出以下结论：

等到低点才开始定投，你的收益不一定更高；在最高点开始定投，你也能赚到钱。种一棵树最好是十年前，其次是现在。定投成功的关键不在于选时，而是尽早开始。

大师：所以，小逗，不要再想着抄在最底部了，不仅浪费时间、耗费精力，甚至还会耽误定投时机哦。

小逗：不用傻傻等待最低点，也不用盲目择时真是太棒了！谢谢大师的讲解，我决定现在就开始定投。

不过我还有个问题，大师你知道的，我这个是准备娶媳妇的钱，也不能一直投下去。接下去，我想知道：

◎定投一般要投多久呢

◎是需要一直投下去吗

◎定投时间越长，收益就会越高吗

定投问答

“基金定投不设置自动扣款，而是每个月看基金净值呈下降趋势时再进行投资，每月都投同样的钱，大概 1000 元起。这样自己掌握时间的定投可行吗？”

奥斯卡：

1. 定投基金本来就是一种省心省力的活，如果每次还要自己来看下降趋势，是很费心费力的。

2. 人性是很脆弱的，你现在计划得很好，到时候一定会定投，但真的看到基金跌了却会想，今天跌了明天也会跌吧，要不明天再买吧？明天再跌了的话，你又想着后天再买，就这样等到涨回来的时候你又不敢买了，又等着跌，这样的话什么时候才能开启定投呢？

我的建议是：设置机械的定投，离市场远一些，越简单，越容易坚持。

“定投真的不用择时吗？据我了解，市面上有很多定投的课程，都是建议触发某些定投条件才开启定投的。比如，股市到多少点位，指数到多少市盈率等。”

奥斯卡：现在市面上有各种各样的花式定投，其中最核心的点就是区分“是否需要择时”。

细分的话，可大致分为：

◎不需要择时的传统定投

◎需要择时的定额投资

◎需要择时的不定额投资

对于“定投小白”来说，奥斯卡只推荐不需要择时并且是定期定额的“傻瓜定投”，为什么？

第一，我始终认为定投的收益并不由买入那一刻决定，而是由卖出的那一刻决定的。

第二，因为整个定投系列的核心理念就是“极简极懒”！

择时的定投不够“懒”，需要根据市场情况进行标的选择及操作，积少成多会耗费大量时间，三五年下来时间成本特别高。

择时的定投不够“简”，本身定投就是为了解放小白的时间，帮助我们解决择时的烦恼，避免因择时而犯错，为何还要去择时呢？

当然，定投不择时，也的确是有条件的：

◎一定是长期定投

◎一定有微笑曲线

那么，这个长期要多长，如何才能确保有“微笑曲线”？

纵观整个系列，单纯把定投体系其中一个理念拉出来讲，就好比“定投是否需要择时”，每个人都可能会有不一样的理解；但如果把整个系列都看完，把所有理念都串联起来时，可能就更容易理解，也不会再纠结了。

小测试

指数已经来到4000点了。你会如何选呢？

A：等跌多一些再开始定投

B：不纠结，开启定投之旅

你的答案是A还是B呢？

第四章

定投是不是越久越好

一般要定投多久？是不是越长越好。

会不会一直跌，永远不涨，导致画不出“微笑曲线”。

定投越久，收益就越高吗

小逗：大师，我对于何时入场这件事已经清楚了，不择时真是太棒了。那一般定投开始后，多久才能退出？

大师：关于这个问题，小逗我先考考你：

第一，你觉得定投是不是越久越好？

第二，你觉得是不是定投的时间越长，收益就越高？

小逗：过去有听说，基金定投应该长期坚持，那应该就是定投时间越长越好，收益也会越高。

大师：好，记住你的答案，我们进“时光修炼所”去试一下就知道了。从 2013 年初开始，我们两个同时投上证指数。我在 2015 年中退出，而小逗你在 2016 年初退出。

从定投的时间来看，你比我更长，那么实际的收益情况又如何？

小逗：大师，你的定投收益率竟然有 94.07%！我就很惨了，虽然定投时间更长，但收益率却只有 5.79%……

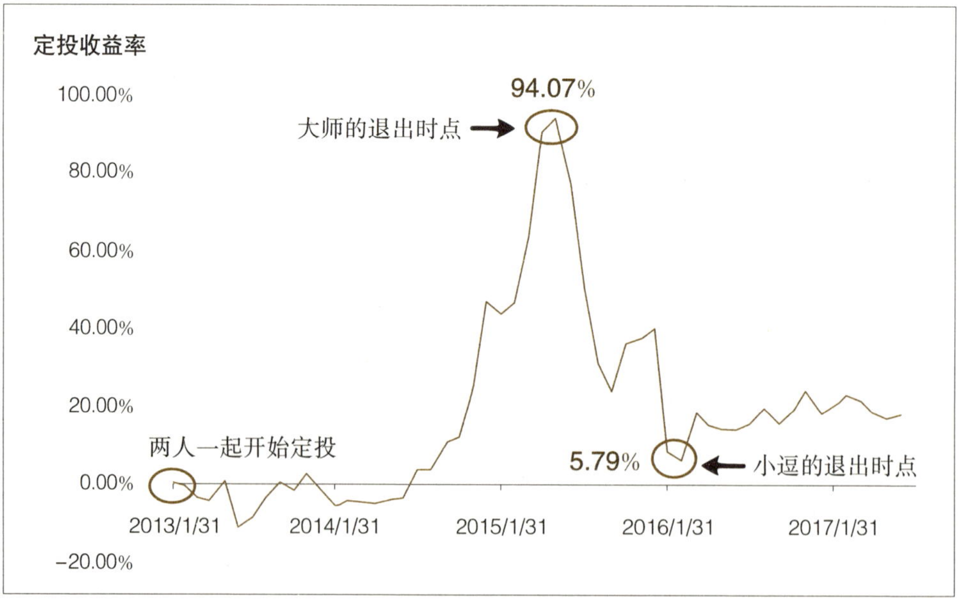

图 19 适时退出 VS. 越长越好

大师：你能想到这其中是什么原因吗？

小逗：应该是退出的时点不同导致的，2015 年中正好是一波牛市，对此我的记忆还是很深的。

大师你退出的时间是在牛市顶峰，从 2013 年到 2015 年积攒了 2 年多的筹码一次性卖出，大赚是必须的。而我退出的时点是牛市高峰一路掉下来的最低点，完美错过了“微笑曲线”，收益率自然就低了。

大师：接下来我们再来看两组定投数据：

第一，从 2012 年起简单定投中证 500 指数

定投时间	1 年	2 年	3 年	4 年	5 年
定投收益	-3%	10%	44%	80%	39%

表 5　中证 500 指数定投收益

第二，从 2007 年起简单定投沪深 300 指数

定投时间	1 年	2 年	3 年	4 年	5 年	6 年	7 年
定投收益	-47%	16%	8%	22%	-19%	-4%	26%

表 6　沪深 300 指数定投收益

（PS：关于沪深 300、中证 500 等指数，会在后续文章里有详细介绍，这里仅用作举例。）

大师：小逗，通过这两组数据，你有什么感受？

小逗：可以清晰地看到定投收益率是有波动的，而且并不是定投时间越长，收益率就越高。

大师：是的，那你知道这是为什么？

小逗：应该和上面我们两个人一起定投的例子一样，都是和 A 股的牛熊转换有关，比如，定投 5 年的收益率比定投 4 年要少，因为在第 5 年里股市有了很大的回落，甚至可能遭遇到了股灾！

大师：没错，定投的时间越长，只能说是赢利的概率越大，实现年化收益率大于 0 的概率越高，但定投时间长和收益率高是没有直接关系的，最终的收益率主要还是取决于定投退出时股市（基金）的情况。

"长牛"的市场会更适合定投吗

小逗：大师，我有一个疑问，因为 A 股有明显的牛熊转换，一直都上蹿下跳的，所以并不是定投越久越好。那如果我们不定投 A 股而是定投美股，比如定投传说中的长牛指数——"标普 500"。这样的话，是不是就可以达到定投越久，收益率越高的效果呢？

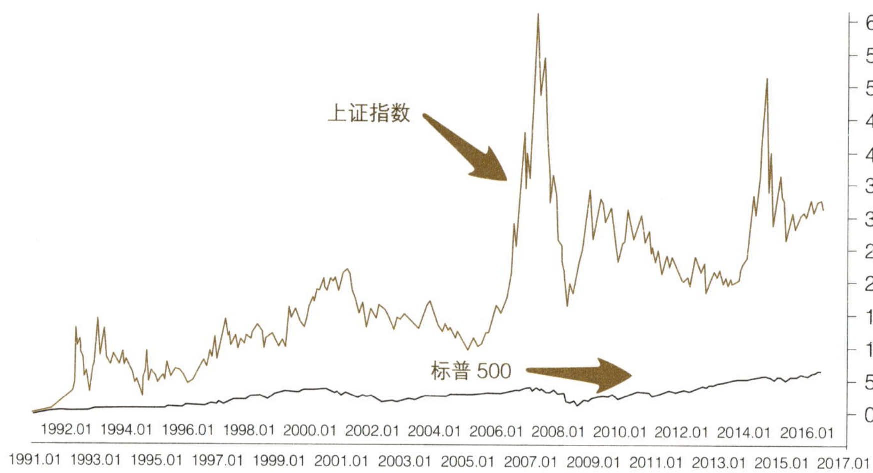

上证综合指数 VS. 标普 500 指数（1990.12–2017.05）

图 20　上蹿下跳 VS. 平稳向上

大师：你想的出发点是没问题的，如果定投的是一个平稳向上的指数，那自然会是你想的那个结果。不过，你还记得我们之前讲过的定投案例吗？（见图 9）

大师：定投赚钱的奥秘是先跌后涨，形成微笑曲线，而不是一路向上。定投在形成“微笑曲线”的情况下，收益率远比一路向上来得高。

而且，你自己都说了这个指数是“一路长牛”，那按照你的风格，“一把梭”不是更好？

小逗：大师你这又是在拿我的“一把梭”说笑了，我现在已经是“定投派”的忠实粉丝了。况且，就算你真的让我“一把梭”美股，我也不敢……这样说起来，A 股的上蹿下跳、牛短熊长，对于定投来说反而还更适合。

大师：其实牛熊转换只是不推荐一直长期定投下去的原因之一，还有一个原因也很重要，那就是定投效果的“钝化”。

什么是定投效果的“钝化”

小逗：大师，“钝化”是什么意思？

大师：举个简单的例子，在 200ml 的水里放 200ml 的可乐，虽然味道比较淡，但总还能喝到可乐的味道；如果是 20L 的水，向里面放 200ml 可乐的话，就基本上什么味道都尝不出来了。

小逗：大概理解了，那这和定投又有什么关系呢？

大师：我们知道，定投是时段投资，可以通过长期定期定额，帮我们拉低买入的平均成本；但是，随着定投总额的增加，每期投入金额所占的比重越小，新增资金对降低成本的作用会越来越小，这就是钝化效应。

打个比方：

每个月定投 1000 元；

定投 8 个月，下个月定投的 1000 元，相当于已经投入的 1/8；

定投 80 个月，下个月定投的 1000 元，相当于已经投入的 1/80；

1/8 和 1/80 显然是区别很大的；

1/80 时，定投拉低平均成本的作用已经变得很小了。

定投的初衷是通过“高点少买，低点多买”，来有效地降低平均成本，但随着后期“钝化”的出现，反而阻碍了定投降低成本的作用。

更重要的是，定投到了 80 个月，总定投金额已经很大了，基金稍微波动，就可能引发资金的大幅损失，心理承受能力也很受考验。

小逗：原来还有这个说法。综合来看，定投时间还真不是越久越好。不过，大师，我现在心里还是没底，具体定投要多久还是不知道呀！有一种长路漫漫、遥遥无期的感觉，你能不能给我一个大致靠谱的参考时间？

一轮定投的时长，到底多久才靠谱

大师：通过上面我们讲解的，相信小逗你已经有了一个明确的概念——“开始定投的时间”并不是最重要的，“定投退出的时间”才是决定定投收益率的重要因素。

也就是说，我们可以在熊市的任意时点进入，作为“定投开始点”，然后，一直定投到牛市，在牛市退出，作为“定投结束点”！

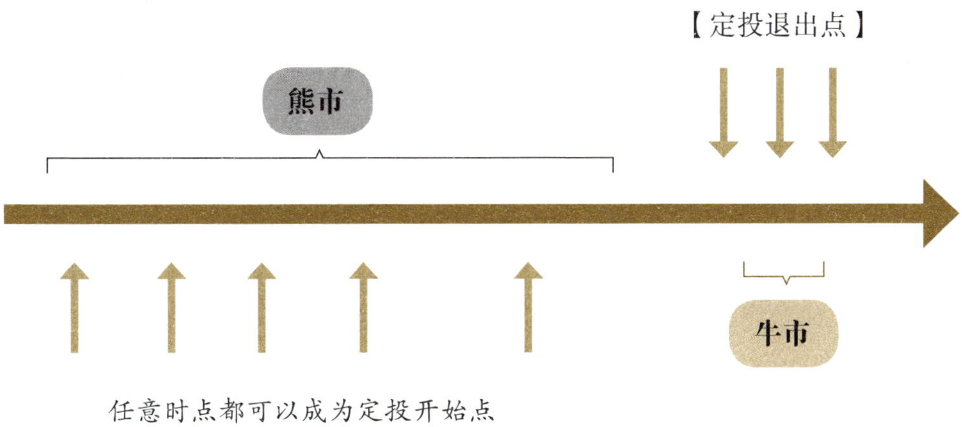

图 21　熊市进入，牛市退出

利用我们 A 股“牛短熊长”的特点，熊市积攒份额，牛市退出赚钱。

小逗：明白了，所以大师你的意思是一轮定投的时间约等于一轮牛熊转换的时间，对吧？

大师：Bingo（好）！

小逗：问题是，A 股牛熊转换的周期一般是多久？

牛熊周期
1990.12.19 至 1993.02.15
1993.02.16 至 1997.05.15
1997.05.16 至 2001.06.13
2001.06.14 至 2007.10.16
2007.10.17 至 2009.08.04
2009.08.05 至 2015.06.12

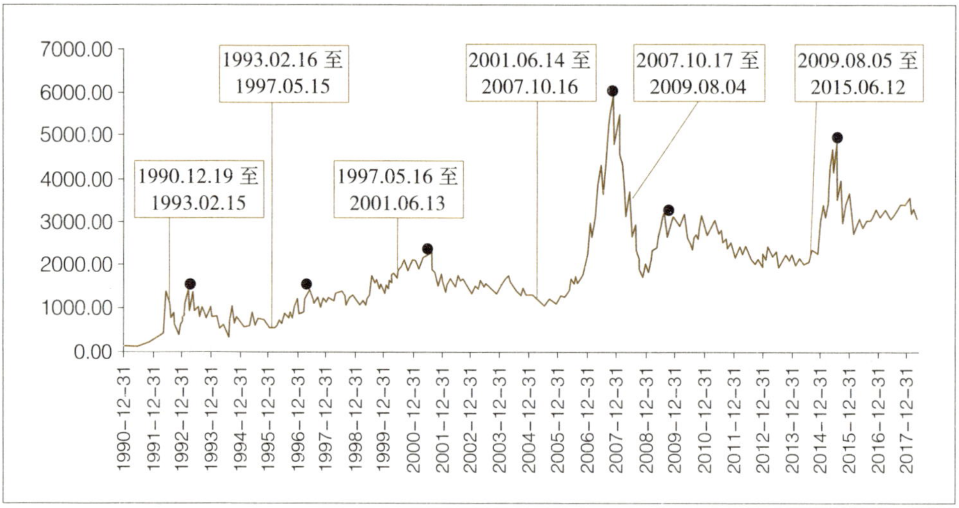

图 22 牛熊市转换周期

大师：通过 A 股之前的历史数据我们可以知道，基本上每 3～6 年就会有一次牛熊周期转换。换句话说，不出大的意外，在你开启定投的 6 年里，应该就可以遇到一次牛市从而退出定投。

所以我们在做定投时，可以参考 A 股牛熊周期的时长，也就是：一次完整定投的期限大概需要 3～6 年。

小逗：太棒了，虽然我知道历史不代表将来，但有了一个大概的时间范围，这让我心里有底多了。

并且，我觉得这个时间范围和定投相当合拍，既不会太短（积攒份额较少），也不会太长（钝化效应影响），是基金定投特别适合的一个时长！

有牛熊转换就会有“微笑曲线”吗

大师：经济有冷热，股市有牛熊。牛熊交替，周而复始。如果说牛熊转换是市场的客观规律，那么定投的“微笑曲线”也同样如此。

把六轮牛熊周期分开，各自查看定投累计收益率走势会发现，每个周期内的定投收益，几乎都画出了完美的“微笑曲线”！

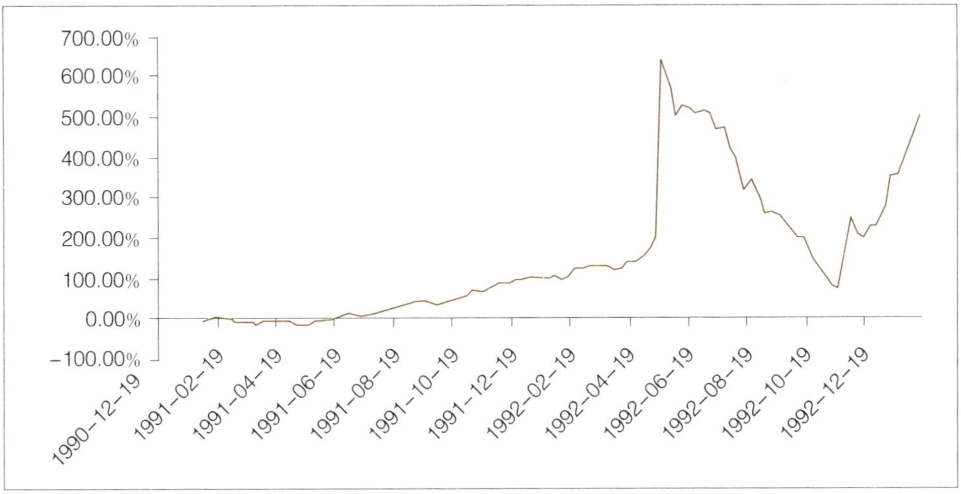

图 23　第一轮牛熊周期

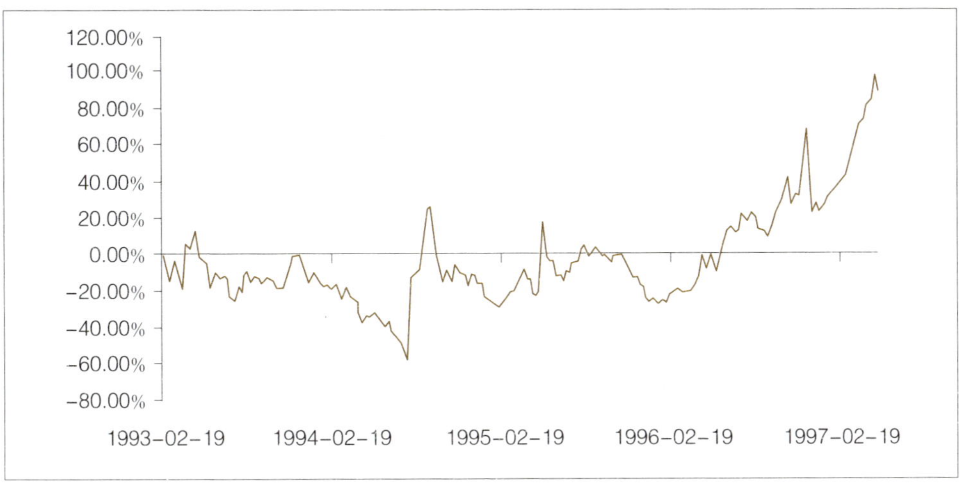

图 24　第二轮牛熊周期

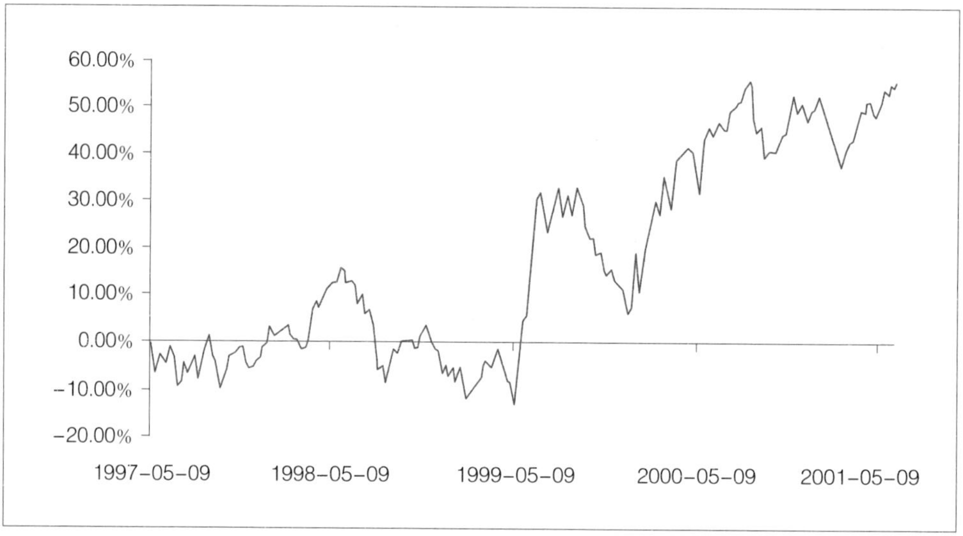

图 25　第三轮牛熊周期

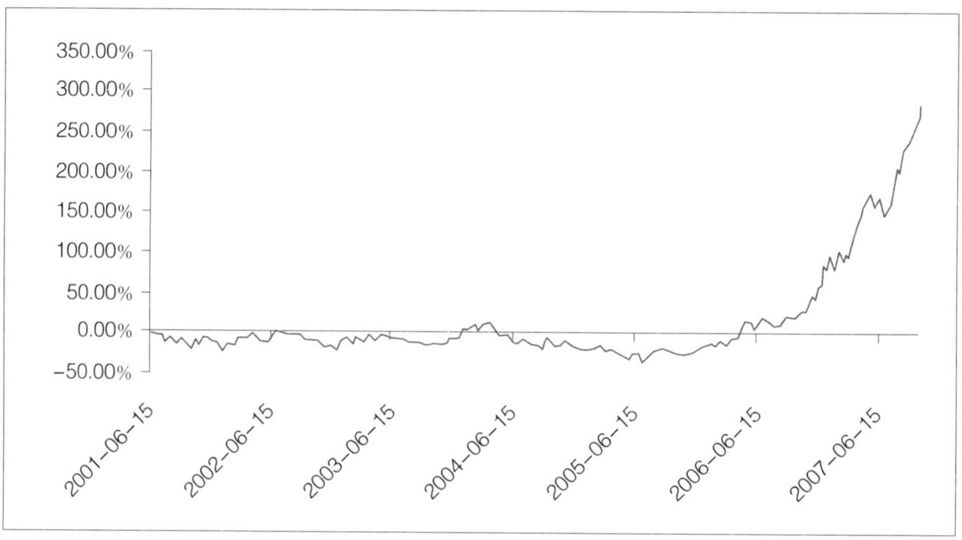

图 26　第四轮牛熊周期

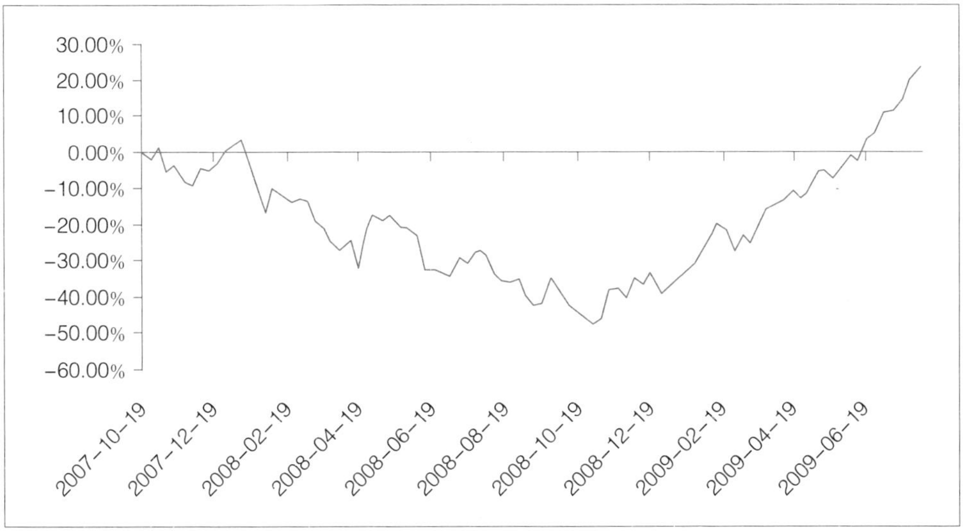

图 27　第五轮牛熊周期

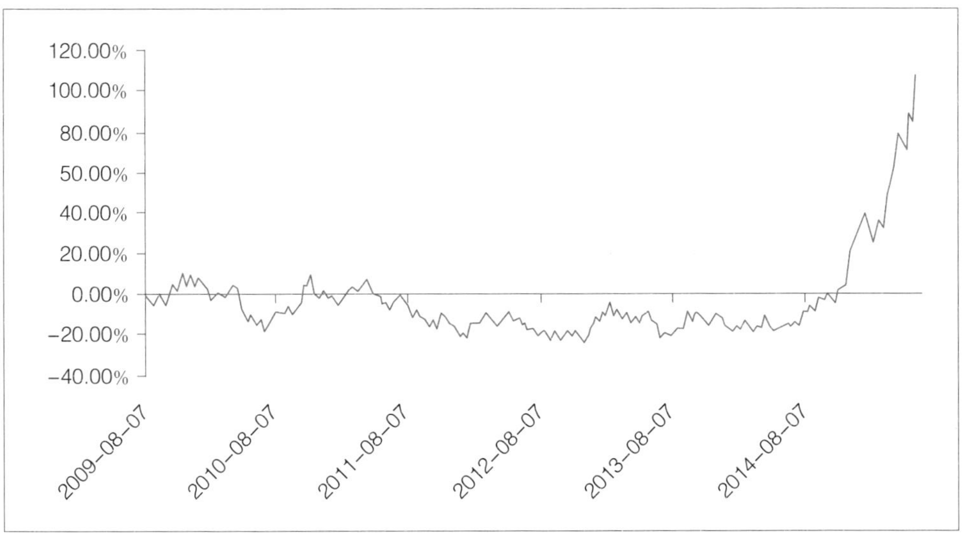

图 28　第六轮牛熊周期

所以，这也是回答了小逗你之前担心的问题："会不会一直跌，永远不涨，导致画不出'微笑曲线'？"

如果你相信经济发展趋势，相信会有牛市，就不用担心定投后不能涨起来。等下一次牛市到来的时候，我们的定投自然会画出美妙的"微笑曲线"！

小逗：大师，被你这样一说，我都有点小激动了。

从开始学习定投真经到现在，很多疑问都有了答案：

◎定投不用刻意择时，随时可以进入

◎定投不怕下跌，先跌后涨走出"微笑曲线"，这是定投赚钱的奥秘

◎A 股牛短熊长，有明显的牛熊转换，非常适合定投

◎在 A 股一轮定投的时间可参考牛熊转换，要做好 3～6 年的准备

那么——

◎定投时如何判断牛市来了

◎如何判断牛市到了高点可以退出了

◎怎么找具体的止盈点

定投问答

“我两年后要买房，进行一个为期两年的定投，可以吗？”

奥斯卡：我曾经遇到过不少小伙伴，就是单纯想试一试定投，并且也觉得定投两年差不多，时间已经足够久了，应该可以退出了。

定投最合适的退出时间，就是等到牛市。因此，这个问题其实就是在问，定投两年会不会有一波牛市？

这就真的没有人可以有确切答案了。

如果明确定投计划就是两年，那两年后仍有不小的概率会依然处于亏损的状态，我个人是不推荐大家定投的。

定投更推荐的是用闲钱，长期我们不会用到的钱，这样的话来一个 6 年之约，期待一波牛市，就合理多了。

“我刚开始定投没多久，看到浮亏很不爽，真想快点来牛市，这种心态对吗？”

奥斯卡：其实，作为一个基金定投的投资者，应该这样祈祷：在我本金没有积累起来之前，牛市不要来啊！

假设每月定投 2000，定投半年牛市就来了，这时候总本金 12000，即使收益率翻倍，收益的绝对额也不高。

对于牛市的期待度，或许应该是下面这样的：

定投时间	心态	原因
1～3 年	牛市千万别来	本金太少
3～5 年	牛市爱来不来	本金已有累积，份额积攒了不少，左边脸的“微笑曲线”也已经画好，坐等牛市右边笑脸。
5 年以上	牛市快来	再不来定投效果就越来越“钝化”了，心态起伏太大，赶紧来一波收割

表 7　对牛市的期待心态对比

想知道我是如何看待市场涨跌和牛市的吗？我的真实想法是：最好牛市再晚点来，市场能够再跌深一些，基金能够浮亏更多一些！虽然这种想法有点腹黑，但确实是我内心真实的想法。

如果没有长期的市场下跌，我又如何积累到足够多的、低成本的基金份额？这就好像滚雪球那样，只有积雪足够厚，坡度足够长，才能滚出一个大大的雪球。

“我定投已经 2 年了，目前亏损了 30% 怎么办，要不要停止定投？”

奥斯卡：这里送上投资大师彼得·林奇的一段话：

“在过去的 70 年里，曾发生过 40 次超过 10% 的大跌（注：美股无涨跌幅），其中有 13 次属于令人恐怖的暴跌。历史数据告诉我们，即使是跌幅最大的那次股灾，股价最终也涨回来了，而且涨得更高。”

“每当股市大跌，我对未来忧虑之时，就会回忆过去历史上发生过的 40 次大跌，来安抚自己那颗有些恐惧的心。我告诉自己，大跌其实是好事，让我们又有一次好机会，以很低的价格买入那些很优秀的公司股票。”

彼得·林奇大师用回顾历史的方法来安抚自己恐惧的心，我们也可以！

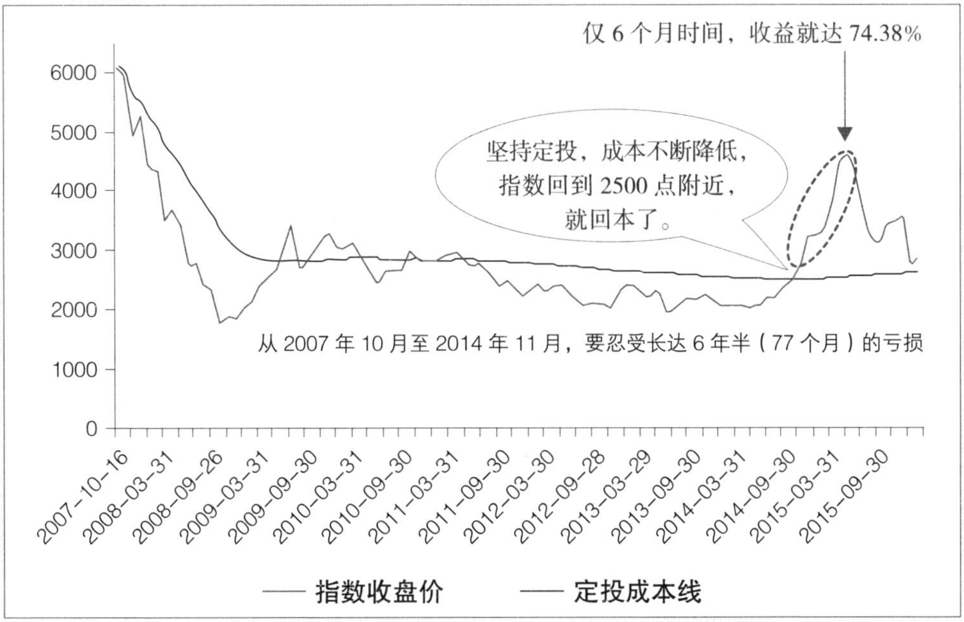

图 29　2007 年 10 月至 2015 年 9 月定投收益

举个例子：

从 2007 年 10 月开始定投到 2014 年 11 月，整整 6 年半，在你的眼里，可能是这样的：

“我已经定投 6 年了，还是亏损 30%，真是越投越亏，我要停止了。”

但实际却是：

定投 6 年里，你已经积攒了相当多便宜的份额，成本拉得非常低！

这时候选择放弃，前期的积累就没有了意义，也错过了一大笔收获！

此时，心中如果能有一个执念：“我一定要等到牛市！”

那么，再坚持小半年的话，就真的能在 2015 年迎来一波超级牛市，顺利退出了。这就是传说中 A 股的特点：“五年不开张，开张吃五年。”

这就像生长在中国最东边的毛竹一样，在头四年或许只能生长不到 3 厘米，但从第五年开始就会像被施了魔法一样，以每天 30 厘米的速度暴风生长，瞬间变成郁郁葱葱的竹林。

◆ 小结

面对一个理财工具，我都会用“三知道”来判断它是否适合我们普通人。

◎知道“投资期限有多长”，可以更容易坚持下去

◎知道“大概会跌多少”，可以减少投资中的恐慌

◎知道“大概收益是多少”，可以减少投资中的贪婪

◎“三知道”清晰，代表“确定性”高；“三知道”不清晰，代表“确定性”低

理财工具	三知道之 “投资期限”	三知道之 “收益情况”	三知道之 “可能亏损”	确定性
五年期国债	知道 投资期限 5 年	知道 4.27% 固定收益	知道 保本，不会亏损	高
债券基金	不知道 并没有明确 的投资期限	知道 长期来看，在 6% 左右，但短 期会有波动	知道 长期来看，一般 不会造成亏损， 但短期会有波动	较高
股票	不知道	不知道	不知道	低

表 8 理财三知道

基金定投对于理财小白最大的问题：“三知道”都不清晰！确定性不高！

◎不知道会浮亏多少

◎不知道会盈利多少

◎不知道需要定投多久

可以想象的是，如果一直处于浮亏的状态，不知道自己最多会浮亏多少，不知道自己到底还要定投多久，定投了两三年还这样的话就会很绝望，定投就会变成一颗雷，也许最终就会让你倒在牛市来临之前的黎明中。

因此，对我们来说，如果能明确一个退出时点，将会非常有意义。

任意时点进入，请定投到牛市退出！

一旦明确了“无论如何会坚持到牛市”，在定投迷茫困惑的时候就可以这样提醒自己：

◎无论是从高点还是低点开始定投，只要我等到牛市，就能画出迷人的“微笑曲线”

◎不止损、不停投，浮亏只是暂时的，只要我等到牛市来临就会变为丰厚的回报

◎在 80% 的时间内慢慢积累份额，我要从容定投，等待那 20% 的时间到来再兑现利润

最后，由“点”到“面”，由“小”到“大”，我们甚至可以展望一生的定投之旅：

在熊市中坚持定投，在牛市中止盈；然后开始下一轮定投，在熊市中坚持，再在牛市中止盈……

因为市场总是以波动形态存在的，而且总是有牛熊转换。

试想，如果制定了一个足够长的定投方案（一辈子够长了吧），反而会觉得一轮定投所需要的时间，没有想象中那么长，这样实践起来反而没那么难。

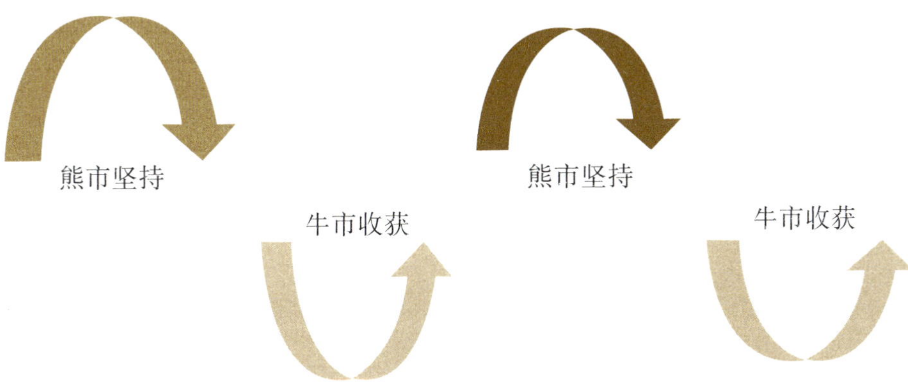

图 30 牛熊转换时的心态

小测试

看完本章，小伙伴们你们的心情是如何呢？

A：担心越亏越多好煎熬，不知道哪天是头，我要退出。

B：虽然账面上已经亏了XX%，但我会继续坚持下去！

你的答案是A还是B呢？一起来晒晒自己“亏”了多少。

第五章

到了牛市如何卖出

对于大部分“定投小白”来说，定投止盈最简单的方法就是在心底设置一条止盈线，撞线后立即赎回。就像我们“傻傻地买入”一样，达到条件后，我们也应该“傻傻地卖出”。

另外，也不用急着那么早就去确定自己的止盈策略，是设定 10% 还是 15%，是一次性还是分阶段，毕竟牛市不会那么快来临，我们还有很长的路要慢慢走。

什么时候退出

小逗：大师，我现在已经非常清楚，自己肯定会坚持定投到牛市。可问题是到了牛市，该怎么退出才比较好呢？

大师：你最希望在什么时候退出？

小逗：那当然是在牛市的顶端啦！这样定投收益率肯定是最高的。不过这不用大师你说我也知道，要精确在牛市顶部止盈是肯定做不到的，我也不指望，只希望大师你能指点一二。

大师：有这个领悟是极好的，不过如何止盈这个真的是说来话长，授人以鱼不如授人以渔，与其我直接告诉你怎么做，不如你先去亲身体验一下，我们再来聊如何？

小逗：好啊，大师的意思是让我先去"时光修炼所"，回到之前的牛市自己试着体会一下止盈，是吗？

大师：没错，我会帮你把时间打乱，这样你就不知道牛市的顶点会出现在什么时间。只有你自己经历过了，才会理解止盈过程中具体会遇到什么纠结和困惑。

小逗：有道理，那我就先去试试看，晚点向大师你汇报！

一天以后……

小逗：大师，我的心好痛苦，我的呼吸好困难，好难过！

大师：你这像是中了"贪婪""恐惧"之毒啊，发生了什么事？

小逗：哎，一言难尽……是这样的。进入"时光修炼所"后我回到了2003年，从那时开始定投。在定投最开始的两年里，浮亏了不少，画出了深深的左侧笑脸。之后就厉害了，短短几个月时间，定投收益率就从最多亏损40%，一下变为了赢利20%，终于开始画出了右侧笑脸。

我当时想：“扭亏为盈这么快，定投画出了“微笑曲线”，一定是牛市来了。既然都定投那么久了，肯定不能马上就赎回吧，最好能等到收益率翻倍。”

当收益率到了 70% 的时候，我的信念更加坚定了。当然，期间也坐了一次过山车，70% 滑落到 60%，但 60% 很快又跳到了 80%！

然后，就是尴尬的时刻了——

大师：怎么了，是没有到翻倍的目标，就一路下跌转为熊市了吗？

小逗：并不是……是我觉得涨势那么好，止盈太可惜了，我想等到 150%……之后就是上上下下：120%、90%、130%、120%、140%……反复坐了几次过山车，我的心也随着账户收益增减而高低起伏。

到了 140%，我那个激动啊！我想 150% 应该是轻而易举了，没想到最黑暗的一刻就此来临，突然一个大调整，直接从 140% 滑落到了 80%，我想应该没事，前面也是涨涨跌跌的。但这次就再也没涨回去了，一路跌回到 50% 我也没舍得止盈，幻想着还可能回去。

然后就没有然后了……一轮牛市下来，在恐惧和贪婪之间徘徊一点没卖出，肠子都悔青了。

现在我才理解“会买的是徒弟，会卖的才是师父”这句话的意思！

大师：小逗，现在是不是深刻体会到止盈并没有我们想象中的那么容易了吧？止盈主要有两大难点——

1. 人性的贪婪

我们都有无法回避的弱点，赚了 30%，还想着能赚 50%，等到真的赚了 50% 时，又在想赚 70%……

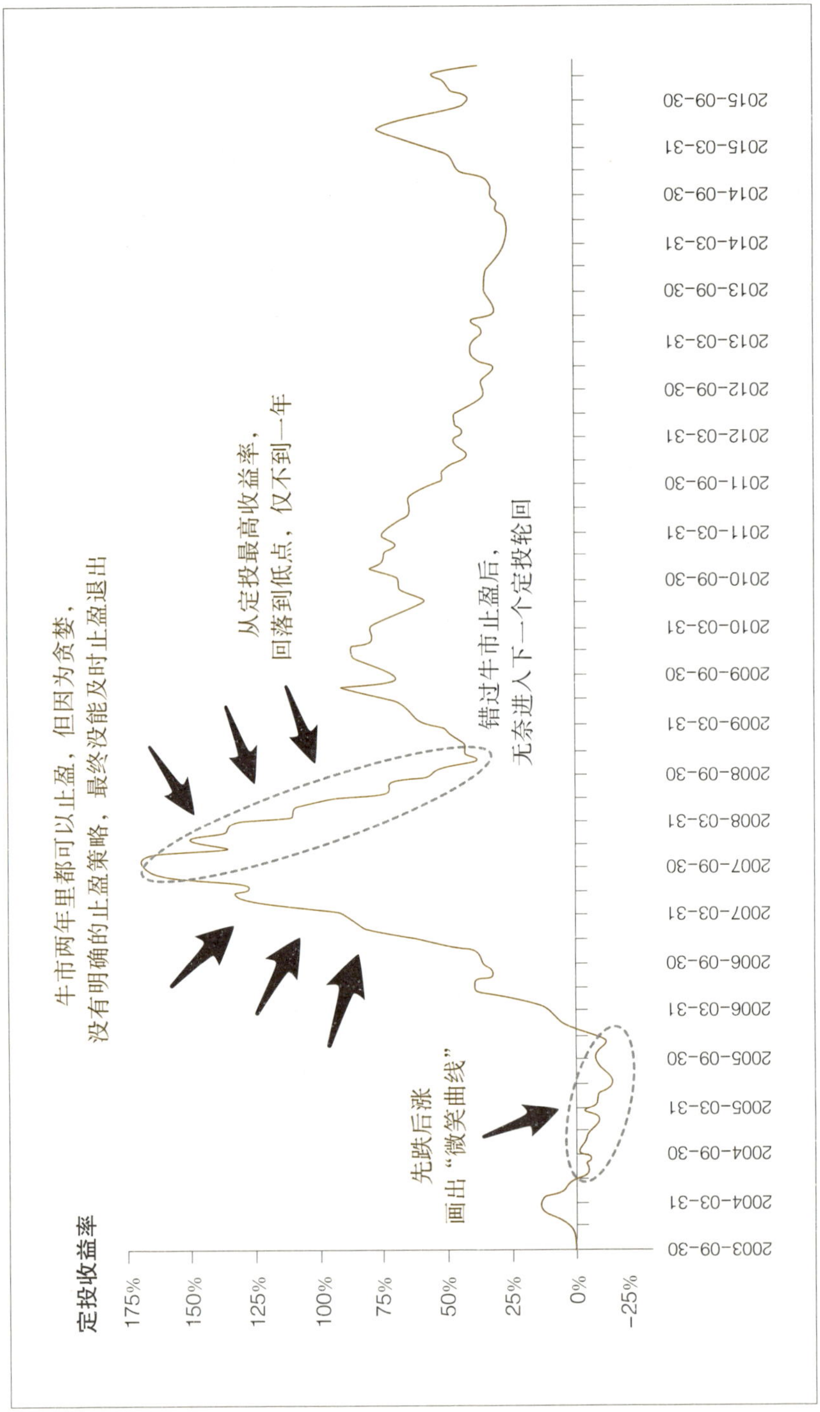
定投收益率
175%
150%
125%
100%
75%
50%
25%
0%
-25%
2003-09-30
2004-03-31
2004-09-30
2005-03-31
2005-09-30
2006-03-31
2006-09-30
2007-03-31
2007-09-30
2008-03-31
2008-09-30
2009-03-31
2009-09-30
2010-03-31
2010-09-30
2011-03-31
2011-09-30
2012-03-31
2012-09-30
2013-03-31
2013-09-30
2014-03-31
2014-09-30
2015-03-31
2015-09-30
牛市两年里都可以止盈，但因为贪婪，
没有明确的止盈策略，最终没能及时止盈退出
从定投最高收益率，
回落到低点，仅不到一年
错过牛市止盈后，
无奈进入下一个定投轮回
先跌后涨
画出“微笑曲线”

图 31 定投何时止盈

2. 缺乏明确的止盈策略

A股市场熊长牛短的特点十分明显，如果没有明确的止盈策略，无法根据这个策略严格执行止盈的话，很可能会发生收益达到了90%还不想走，等到股市开始下跌时再赎回已经来不及的情况。

小逗：大师，这下我已经有深刻体会了，非常需要你的“解药”，到底如何才是正确的止盈方法？

常见止盈招式有哪些

大师：先来说说止盈的常见招式。

止盈招式	方法
按估值区间止盈	如 PE>25～30，分批退出
按指数点位止盈	如点位 >4000，分批退出
价值平均策略止盈	在每月投入的基础上增设资产增速轨迹，定期按目标值调仓（跌 / 增投、涨 / 减持卖出）
目标收益率止盈	设定一个收益目标（如 30%、50% 等，到达预定目标后止盈）

表 9　常见止盈招式

小逗：原来有这么多种止盈的招式，好复杂，很多都看不懂，是不是都要学习一遍呢？

大师：这倒不用，这些只是给你一个参考，重要的还是找到最合适自己的。我简单介绍一下吧，看上去策略有很多，其实大致就分为两种——

1. 目标型止盈

顾名思义，就是设定一个目标收益率或者收益值，达到标准即可止盈赎回。不论是估值、股市点位还是收益率，都可以算作目标型止盈。

2. 技术型止盈

需要根据所持基金的走势分析预测其运行方向，比如通过研究趋势线、支撑位压力位、均线系统等技术分析方法来设置。

小逗：大师，这第二个技术型止盈把我给听晕了，还是第一种目标型止盈更适合我。

大师：对于大部分初学者（普通人）来说，平时忙于工作和生活，根本没时间看盘，复杂的套路的确不太合适。

小逗：是啊，还是简单粗暴一些，我觉得估值、点位，对我可能也有点复杂，收益率目标止盈好像还比较简单，大师能详细介绍一下吗？

如何设定合理的收益率目标

大师：目标收益率止盈法，顾名思义就是设定一个目标收益率，达到了就赎回，没达到就等着，对“小白”来说的确十分合适。主要的问题在于，如何设定一个合理的收益率目标？小逗，如果是你，会怎么设定？

小逗：大师，根据在“时光修炼所”的亲身经历，我会把收益目标定得高一些，至少不会去定个10%、20%。

大师：说说理由。

小逗：很简单，我已经很明确开始定投就要坚持到牛市，而到了牛市，指数几乎都会翻倍，之前累积的低成本份额，会让我的收益率提升得非常快，变得非常高。如果在10%、20%的时候就止盈了，很可能就错过之后波澜壮阔的大牛市了。

大师：听起来没问题，那你想设置多少？

小逗：其实我有想过设置目标收益率为100%再止盈，但这里也有问题，会不会设定得太高导致达不到，一直没止盈？

大师：想得够深刻啊，小逗！果然失败乃成功之母，自己亲身体验一回后还真是成长了不少。

的确，设定一次性的目标收益，会有着过高、过低都不适合的问题，所以我们通常会在收益率目标策略的基础上，再加一个时间因素，这样就更合理了。

小逗：时间因素？这又是什么……

年平均收益率止盈法

大师："目标收益率止盈"其实可以细分成两种：没有时间限定的单次收益率目标和加上时间因素的年平均收益率目标。

"单次收益率目标"，很好理解，假设设定目标收益率为 20%，那么随着定投期数增加，只要整体的收益率达到 20% 就止盈，不管定投了多久，就一次性赎回所有份额。

"年平均收益率目标"，需要考虑时间因素，假设设定目标年平均收益率为 20%，：

◎定投 2 年后牛市来了，目标是达到 20% × 2 = 40% 止盈

◎定投 5 年后牛市才来，那目标就升级为 20% × 5 = 100% 再止盈

随着时间拉长，对收益的要求也越高。

小逗：感觉年平均收益率目标就像是给目标收益率加上了自动调整功能。定投时间短，收益目标就会低一些，定投时间长，收益目标就会高一点。

大师：是的，我们知道定投的特点是：浮亏时间越长，积攒的份额越多，实际平均成本越低，到牛市收益就越高。

因此，根据定投的不同时长，来设定一个对应收益目标，即"年平均收益率目标"，是比较合理的，也更贴合定投的特点。

小逗：不错不错，不过问题就来了，年平均收益目标设定多少比较合适？

大师：如果单次的目标收益率止盈，那 30%～50% 都是合理的。如果是年平均收益率，那不能设置太高。

假设你设一个 40% 年平均收益率，那定投 4 年迎来牛市，那就是收益率目标要达到 160% 才能止盈；万一没到，那么很不幸地告诉你，有可能这辈子都无法根据自己的设定来止盈了，因为时间越往后，对收益要求也越高。

这里建议年平均收益率目标设定为：12%～15%。至于为何是这个数字，其实是要结合具体定投的基金来一起分析的。

定投年平均收益率目标15%，合理吗

小逗：大师，对于年平均收益率止盈，我算是理解了，不过我想说，最终设定 15% 会不会太低了？

大师：小逗，你是真觉得 15% 的年平均收益率低吗？要知道，当你完全理解定投后，面对浮亏是可以比较淡定的，因为即使浮亏了好几年，只要不卖出就不会产生真实的亏损，等牛市一来，扭亏为盈是很快的。

从这个角度想定投，其实它的风险真的不算大。在这样的风险条件下，如果能通过定投实现长期 15% 的年平均收益，市面上基本没其他理财工具能比得上。

小逗：大师你说得对，在这个据说“七亏二平一赚”* 的股市，我这个既笨还懒的“小白”，在定投基金上能获得 10% 以上的年平均收益就真的该很满足了。

我还有最后一个问题，止盈的时候，是单笔一次性全部赎回好，还是慢慢地分批赎回？要是全部赎回，后面基金再涨，不是很不划算；但如果不赎回后面又跌回去了，怎么办？

大师：刚说自己不该贪婪，转眼就问出“划不划算”的问题。

---

* “七亏二平一赚”是指在股市中，七成的投资者是亏损的，二成投资者是盈亏持平，剩下一成是赢利的。

到了止盈点，如何赎回好

大师：一般到了止盈点，赎回方式有三种：

首先，一次性卖出。这个就不多说了，我觉得这个方式最适合你，最简单也最方便操作。

其次，分批卖出。这个比一次性卖出要来得复杂，要设定不一样的止盈收益率。比如：

◎定投年平均收益率达到 15%，进行第一次止盈，卖出 50%

◎剩余部分再涨 15%，进行第二次止盈，卖出剩余的 50%

◎剩余部分再涨 15%，进行第三次止盈，全部赎回

（PS：这里仅提供分批卖出的思路，具体收益率可以自行设定。）

最后，设定最大回撤止盈目标。这个就更复杂一些，涉及了两种目标设定和两个步骤操作，通过一个例子来说明。

1. 目标设定

◎设定年平均收益率目标为 15%

◎设定到最高收益点回撤目标为 10%

2. 具体操作

◎定投五年后遇到牛市，当定投总收益率达到 75%（止盈点），触发第一个“年平均收益率”时，先不赎回，继续持有

◎之后随着牛市深入，收益率从 75% 一路上升至 100%，之后跌回 90%，触发了第二个“最高回撤目标 10%”，全部赎回

小逗：大师，说实话，你在说第二、第三种止盈方法的时候，我就已经开始神游了……对我来说真的有点复杂了……只怪我自己比较作，想多赚点，又想简单点，啥好处都想赚了。

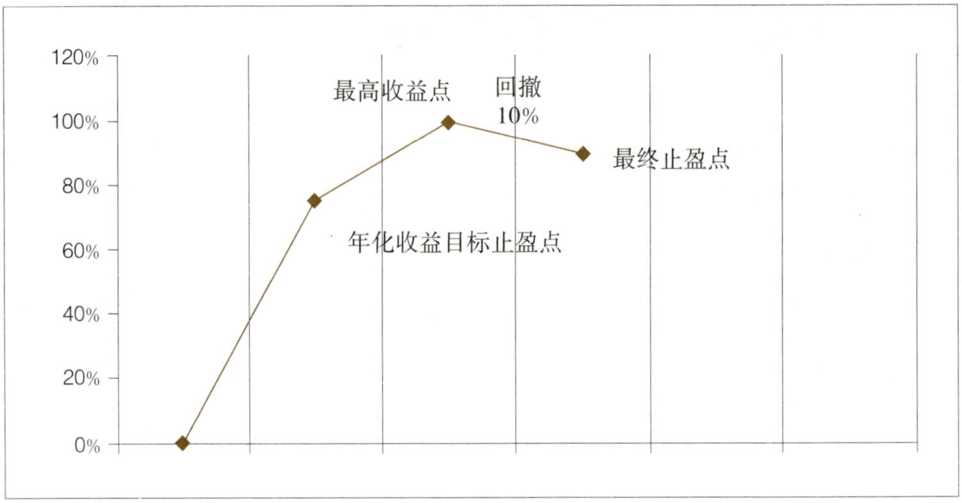

图 32 定投止盈点

大师：是的，想要获得更高的收益率，就要付出更多的精力和时间去研究学习，同时也会面对更多的贪婪和恐惧。

其实无论哪种赎回方式，本质上都是在做止盈，关键点都在于纪律性，克服贪婪，严格按照纪律执行是定投赢利的基本前提。

我觉得对于一个没经历过牛熊转换的“定投小白”，还是简单点好，见好就收，达到目标收益一次性全部赎回也许是最好的策略。

既然已经赚到了自己设定的目标，为什么还要为多出来的未知收益承担更大的风险呢？

小逗：对对对，大师说得对，不后悔，不贪婪，人要懂得知足常乐。一次性卖出挺好，不管后市群魔乱舞，淡定“吃瓜”，啊哈哈哈哈！

大师：……

定投问答

"我定投了一只基金，短短半年已经有 15% 的收益，要不要赎回？"

奥斯卡：这个问题中有两个关键词：基金定投 & 半年时间。

在明确了——

◎定投最适合的退出时间是牛市

◎定投适合的止盈点是到了牛市，按年平均收益目标进行止盈

以上两点的基础上，我们就不会有那么多的纠结和疑问。

◎浮亏的时候，心情可以很平静，安心积攒份额到牛市

◎浮盈的时候，也可以很平静，这只能代表进入的时点很幸运，我们还有很长的路要走（等牛市）

说回上面问题，定投半年增加 15%，我的建议是不要赎回，继续定投。首先，单从收益率看的确还不错，但是基金定投一年多，并没有积累足够多的筹码，就算给我们翻倍的收益率，实际获得的收益也很少。

对我们普通人来说，追求总的收益金额比追求收益率重要多了。

其次，每到 10%、15% 就止盈，可能会遇到一个问题。因为即使在熊市也会有行情还不错的时候，这样可能还没等到大牛市，就已经止盈了好几次。这样的话，就可能导致真正在牛市到来的时候，我们才刚止盈过，重新定投没多久，手上没筹码，实际收益自然就低了。最后，把定投这件事变麻烦了。

定投一般都是用闲散资金，除了投资还有一个很重要的作用就是，强制储蓄一笔钱。比如本来每月 500 元，等过个 5 年牛市止盈后，会变成一笔大钱，既有了收益也达成了强制储蓄的目的。但如果每到 10% 就止盈，可能每

过半年一年，就要止盈一次，储蓄下来的钱又要再次分散投出去。

这样既降低了资金的使用效率，又起不到强制储蓄的作用。

综上，只有坚持足够长的时间，才能充分利用市场波动，获得更多的筹码，更低地摊平成本，从而让我们在牛市到来的时候，获得比较好的收益。

长期定投，不要频繁交易，把定投化繁为简，保持耐心，坚持到牛市才是王道！

“假设我设定的年平均收益率目标是 15%，在定投 3 年后达到了收益率 45% 的止盈线，请问是要继续等牛市，还是止盈呢？”

奥斯卡：如果你定投的基金表现特别优异，且已经定投了 3 年以上，达到了年平均收益率目标的话，我觉得是可以考虑止盈的。

当然这里有一个前提是“3 年以上”，这代表已经积攒了很多筹码，这时止盈是会收获颇丰的。而如果仅是 1～2 年的话，个人觉得止盈就没必要了。

另外，这个问题给了我一个启发，很多时候我们定投并不知道自己已经身处牛市了，容易后知后觉，这时就可以仅依据收益率来判断是否需要止盈。

综上，不论是等到牛市还是定投 3 年后，达到“年平均收益目标”就可以止盈！

“我想用年平均收益率目标，作为自己的止盈策略，但是我有一个问题，如果一直到牛市到顶反转，都达不到自己设定的收益目标，那该怎么办？比如，按照 15% 年平均收益目标，定投 5 年，止盈点是在 75%，但恰恰到 70%，牛转熊……”

奥斯卡：好问题，其实不论是设定单次收益率目标还是年平均收益率目标，都可能碰上类似的问题。所以，单单依靠一种止盈方法的确是有风险的，我们可以再额外加上一个辅助方法 —— 市场情绪止盈法。

如巴菲特所说，“在别人恐惧时贪婪，在别人贪婪时恐惧”，市场情绪止盈法的实质正是与这句话不谋而合。

比如，当亲戚朋友街坊邻居全部推荐我们买股票，身边人对股市都热情高涨、雄心勃勃时，这时就应该意识到，很可能真的是“牛来了”。那么，具体有什么标准可以帮助我们进一步判断牛市相对高点呢？

之前有看过一个有趣的**“七颗龙珠止盈法”**，我觉得很直观也很有趣，分享给大家。

“七颗龙珠”是指七个市场现象：①隔壁阿姨突然成了“股神”；②理发师向你推荐股票；③新开户数连创纪录；④基金销售一天创纪录；⑤消灭十元股；⑥隔壁不炒股的老王问你如何开户；⑦ 10000 点不是梦。

集齐“七颗龙珠”，说明市场已经非常“热”了，该“急流勇退”“落袋为安”了。

当然，这些现象并不是固定的，大家可以自己感受，通过观察判断市场温度，根据经验，这个时点即使不是市场最高点，也是相对高位了，这时候对照自己的收益目标，即使没有完全达到，也应该果断进行止盈了。

综上所述 ——

◎“年平均收益率目标”做主策略，设定强制纪律止盈

◎“七颗龙珠止盈法”做辅助，弥补定量止盈方法的局限

◎“一次性退出”不纠结

毫无疑问，对于每一份坚持了 N 年的定投，大家想在最高点赎回，是人之常情，但卖在顶点，是最可遇不可求的。

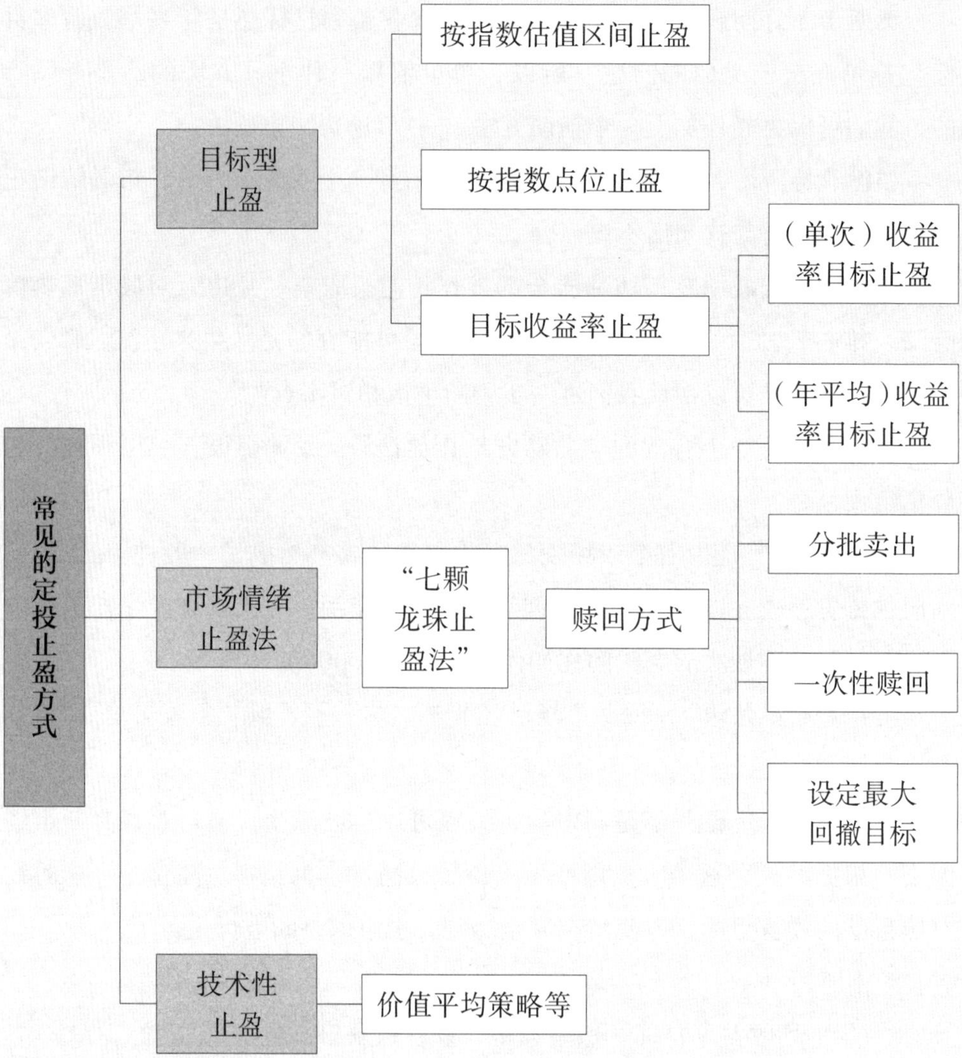

图 33　常见的定投止盈方式

通过定投，纪律性地分批买入，帮助我们克服了恐惧的弱点。但仅有买入是不完整的，必须有纪律性地卖出，才能克服贪婪这个弱点，实现完整的赢利。

小测试

不知道大家在心法篇各自都有哪些收获，对于之后的选基篇又有哪些期待？

◎ 你会继续定投下去吗？

◎ 定投的钱可以一直放着等到牛市退出吗？

◎ 你会考虑哪种止盈策略？

选基篇

第六章

选基第一关：主动型股票基金 VS. 被动型指数基金

某种程度上，投资基金最大的风险就是未来的我们“背叛”了现在的选择。归根到底，还是要自己学习弄懂了，才有这个能力独立思考做好甄别，不至于转身就质疑和推翻自己的选择。

基金的简易分类

小逗：终于进入实战选基了，好激动呀！

大师：哈哈，要弄明白定投选基的整个逻辑可没那么简单，有很多新的概念需要你去慢慢理解消化。

小逗：好的，大师，尽管放马过来吧！

大师：来，先问你一个问题，你觉得现在在 A 股市场，是股票多还是基金多呢？

小逗：应该是股票更多吧？

大师：错了，国内的公募基金已经超过 5500 只，数量上已接近 A 股股票的 2 倍！

小逗：什么？这岂不是代表了我要在 5500 只基金里面选出合适的来定投？也太难了吧！

大师：的确不简单，所以我们需要循序渐进地学习，一步步地对基金进行筛选。

先来说一下要做的任务吧：

◎首先，了解一下基金的常见分类

◎其次，找出其中适合定投的基金

◎再次，了解基金定投的两大门派

◎最后，在两大门派里做出你的选择

小逗：大师我已经在摩拳擦掌了，快开始吧。

大师：关于基金的基础分类，请看图 34：

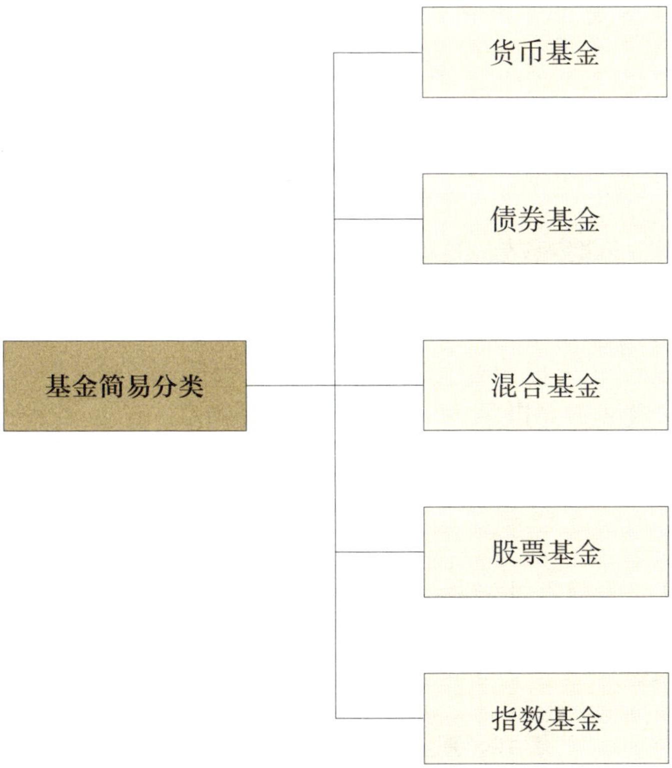

图 34　基金简易分类

小逗：大师，听说基金种类非常多，怎么才这几个？

大师：其实呢，基金可以分成多个大类、多个小类，但考虑到你是一个"定投小白"，所以我才先弄了个简单的分类给你，其他的我们后续再慢慢讲。

小逗：原来如此，大师你真贴心！

大师：贴心的还在后面，继续看表 10。

基金类型	简单理解	风险程度	收益区间（仅供参考）	适合定投的匹配度
货币基金	活期理财，比如余额宝，不投资股票。	极低	3%～4%	不推荐
债券基金	适合中、长期理财。类似有波动的银行理财，一般不投资股票。	较低	5%～7%	一般 不推荐
股票、混合基金	投资股票。主要由基金经理做出买卖股票的决策。	高	不确定 -50% 到 50% 及以上都有可能	适合定投 （推荐与否待讨论）
指数基金	跟随对应的指数投资股票，基金经理作用较小。	高	不确定 -50% 到 50% 及以上都有可能	适合定投 （推荐与否待讨论）

表 10 基金分类对比

小逗：果然有亮点！不只是基金分类的介绍，还把是否适合定投的也标识出来了。可是，该如何来判断哪种基金更适合定投呢？

大师：小逗，定投赚钱的奥义是什么？

小逗：“微笑曲线”，先浮亏后赚钱，坚持到牛市！

大师：你这个顺口溜背得可真够熟练的。其实看一个基金是否适合定投最简单粗暴的办法，就是看它是否会走出“微笑曲线”：

◎货币基金，主要用作活期理财，收益率相当稳定，因此不会呈现微笑曲线的收益走势

◎债券基金，通常被当作定期理财，也不会有明显的大起大落，很难呈现“微笑曲线”的收益走势

◎股票 / 混合基金和指数基金，都呈现出高风险高收益的特征，一轮牛熊转换的话很容易看到“微笑曲线”，因此更适合我们定投。

小逗：清楚明白，那股票型基金和指数型基金又要怎么选呢？

大师：这也是我们本章要了解的重点，涉及定投两大核心帮派之间的明争暗斗。

（PS：股票 / 混合基金类型相近，主要区别在于持有股票的比例不同，为了方便起见，我们之后就统一称作“股票型基金”。）

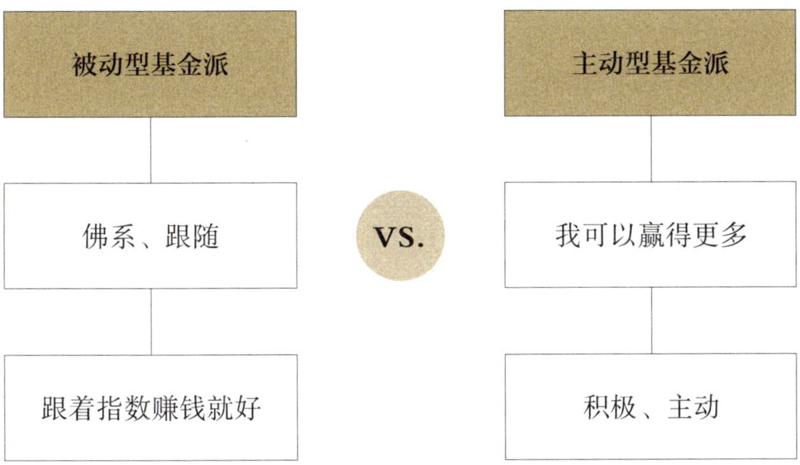

图 35　定投两大派系：主动型 VS. 被动型

小逗：大师，请问“主动型”和“被动型”分别代表的是什么？它们的区别又是什么呢？

大师：小逗，让我们把前面说的股票型基金与指数型基金对应起来，就更容易理解了。

指数型基金（被动型）	股票型基金（主动型）
希望尽可能复制自己的跟踪指数，基金经理不用主动选股	由基金经理自主决定选股，没有太多的约束和规定
如沪深300指数由哪些股票构成，沪深300指数基金的经理就跟着买什么股票	基金经理希望通过自己投资管理做到比指数涨得多，比指数跌得少
指数涨，指数基金涨；指数跌，指数基金就跌	指数涨10%，指数基金希望跟着涨10%，而股票型基金希望能涨15%或更多
基金经理的“不主动决策”，可以看作是“被动跟着指数赚钱”	基金经理的“主动决策管理”，就是希望能比“被动跟着指数”获得更多的收益

表11　指数型与股票型基金对比

◎指数型基金又可以称之为“被动型基金”，追求的是“β收益”

◎股票型基金又可以称之为“主动型基金”，追求的是“α收益”

小逗：大师，听你这样一分析，我对于被动型基金和主动型基金大致有概念了。不过上面提到的“α”和“β”，这两个又是什么？

基金收益来源的核心：α 和 β

大师：“α”和“β”是希腊字母中的头两个字母（阿尔法、贝塔），在基金中代表的是收益的不同来源：

◎ β 收益——市场趋势性收益

◎ α 收益——跑赢市场趋势的收益

小逗，弄懂这两种不同的收益来源对你走好之后的选基之路非常重要。

举例说明，这里有两个基金：

◎博时沪深 300 指数（被动型指数基金）

◎汇丰晋信大盘股票（主动型股票基金）

情况一：“沪深 300 指数”当年上涨 10%

基金名称	基金类型	基金投资情况	当年收益	相比指数
博时沪深 300 指数	指数基金	复制跟踪 沪深 300 指数	10%	收益一样
汇丰晋信大盘股票	股票型基金	基金经理 自主决策	18%	跑赢指数 8%

表 12　博时沪深 300 指数 VS. 汇丰晋信大盘股票

我们可以简单理解为，“博时沪深 300”这个被动型指数基金跟着“沪深 300 指数”，当年获得了市场趋势收益（β）10%。

“汇丰晋信大盘”这个主动型股票基金，通过基金经理人操作，当年实际收益 18%，相比“沪深 300 指数”，获得了超额收益（α）8%。

情况二："沪深 300 指数"当年下跌 15%

基金名称	基金类型	基金投资情况	当年收益	相比指数
博时沪深 300 指数	指数基金	复制跟踪 沪深 300 指数	-15%	收益一样
汇丰晋信大盘股票	股票型基金	基金经理 自主决策	0	跑赢指数 15%

表 13 指数基金与股票型基金收益对比

我们可以简单理解为，"博时沪深 300"这个被动型指数基金跟着"沪深 300 指数"，当年获得了市场趋势收益（β）为 -15%。

"汇丰晋信大盘"这个主动型股票基金，通过基金经理人操作，虽然当年实际收益为 0，但相比沪深 300 指数获得了超额收益（α）为 15%。

小逗：我明白了，"α"和"β"主要就是和指数收益做对比。

大师：你这样理解也是可以的，这里我再补充一下：

◎"市场趋势性收益 β"可以看作是一种被动收益，紧跟市场波动，通过指数涨跌，或者说市场涨跌带来的基金收益。

◎"超额收益 α"可以理解为主动收益，取决于基金经理的投资选择，通过挑选优秀的行业或者股票，赚超出市场收益之外的收益。

小逗：了解了，新知识新技能！我要在两个门派中选择"主动型基金"。

追求超额收益，可以让我在市场好的时候多赚一些，在市场不好的时候少亏甚至还能赚，这样才有期待！

大师：哈哈，看把你急的，听完下面这个故事再做决定吧。

巴菲特的十年之约

大师：在 2005 年，“股神”巴菲特提出了一个 50 万美金的赌注：

如果有人可以选出几只主动型基金，这些基金在 10 年里累计收益的平均数高于标普 500（美国大盘指数）的累计收益率，巴菲特就捐出 50 万美金，否则，对方就必须捐出 50 万美金。

小逗：这个有趣，等于直接是给主动型基金和被动型基金来了一次正面对决，结果如何呢，大师？

大师：2007 年，一个叫 Ted Seides 的人选了 5 只基金接受了这个赌注。赌注从 2008 年开始，到 2017 年赌约结束，结果是看表 14。

小逗：什么？真没想到是这样一个结果，难怪我听说巴菲特只推荐普通人投资指数基金。大师，我现在要改为定投“被动型指数基金”，跟着巴菲特肯定没错！

大师：小逗，你那么快就改变自己的选择了？我们的故事还没有讲完，要不要猜一下，如果这个赌注放到国内会如何呢？

小逗：难道说不一样的国情，结果还会不一样的吗？

巴菲特的指数基金获得了 125.8% 的收益，对方挑选的 5 只基金取得的回报分别为：21.7%、42.3%、87.7%、2.8%、27%。平均只有 36.3% 的收益。

Year	Fund-of-Funds A	Fund-of-Funds B	Fund-of-Funds C	Fund-of-Funds D	Fund-of-Funds E	S&A Index Fund
2008	–16.5%	–22.3%	–21.3%	–29.3%	–30.1%	–37.0%
2009	11.3%	14.5%	21.4%	16.5%	16.8%	26.6%
2010	5.9%	6.8%	13.3%	4.9%	11.9%	15.1%
2011	–6.3%	–1.3%	5.9%	–6.3%	–2.8%	2.1%
2012	3.4%	9.6%	5.7%	6.2%	9.1%	16.0%
2013	10.5%	15.2%	8.8%	14.2%	14.4%	32.3%
2014	4.7%	4.0%	18.9%	0.7%	–2.1%	13.6%
2015	1.6%	2.5%	5.4%	1.4%	–5.0%	1.4%
2016	–3.2%	1.9%	–1.7%	2.5%	4.4%	11.9%
2017	12.2%	10.6%	15.6%	N/A	18.0%	21.8%
Final Gain	21.7%	42.3%	87.7%	2.8%	27.0%	125.8%
Average Annual Gain	2.0%	3.6%	6.5%	0.3%	2.4%	8.5%

表 14 巴菲特的“赌局”

（框内的为巴菲特选择的指数基金。）

巴菲特的“赌局”在中国，结果会如何

大师：小逗，通过“时光修炼所”，让我们回顾过去十年，并分别选取几个有代表性的时间段：

◎2007—2017 年，十年

◎2007—2008 年，大牛市的单边上涨和单边下跌行情

◎2012—2014 年的震荡市

◎2016 年年初—2017 年年底的一段“慢牛”行情

时间	2007.11—2017.11	2006.08—2007.10	2008.01—2008.11	2012.01—2014.07	2016.02—2017.11
沪深300	–24%	376%	–71%	–6%	39%
股票型基金收益（平均）	29%	235%	–56%	24%	22%
股票型基金收益（最大）	198%	356%	–7%	112%	231%
股票型基金收益（最小）	–55%	35%	–71%	–29%	–24%
统计个数	216	134	222	473	1452
跑赢指数的个数	195	0	222	453	274
市场行情	10 年	单边上涨	单边下跌	震荡市	“慢牛”

表 15　主动型基金 VS. 被动型基金收益对比

大师：从中可以看出——

◎十年的投资期限里，有 90% 的股票型基金跑赢了指数（沪深 300），获得了超额收益“α”

◎单边下跌和震荡市中，几乎所有的股票型基金都能跑赢指数

◎只有在单边上涨和“慢牛”行情下，指数基金才体现出自己的优势

小逗：大师，这样的一个结果是不是代表，如果巴菲特把赌局搬到中国来，就不一定能赢了，是吧？我很好奇，为什么在美国市场是被动型基金优秀，而到了国内又变成主动型基金表现更佳呢？

大师：这里面有两个非常重要的区别：

第一，市场形态不一样。

◎美国股市是长期慢牛走势

◎中国股市总是呈现巨大的波动，而且牛短熊长

因此，“美股长期慢牛”＋“指数基金”自然就成为最佳拍档了。

第二，投资者的结构不同。

◎美国以机构投资者（基金）为主，个人投资人（散户）较少

◎中国个人投资人（散户）占较大比例，机构投资者（基金）相对较少

小逗：大师，这个投资者结构不同我不太懂，难道也会对收益造成影响吗？

美国股市 VS. 中国股市

大师：在中国股市，参与者中散户居多，这就让机构投资者（股票型基金经理）能够从这些散户身上赚到超额的收益。

而在美国股市，机构才是主要的参与者，机构之间相互博弈，从对方口袋那里赚钱是比较难的，本身赚钱就不多，还要扣除给基金经理的管理成本，所以主动基金的收益长期很难超越指数基金。

小逗：大师，你每次一讲我就懂，特别神奇。这次不光懂了，我脑子里都有画面了：一到牛市，总是一窝蜂进来一批股民和基民，每次牛熊转换又都极快，瞬间就成了高位站岗的“接盘侠”……

所以，国内主动型基金能跑赢指数，而国外主动型基金跑不赢指数，不是因为国外基金经理不厉害，也不是国内基金经理太厉害，而是国内散户太多，基金经理很难长期战胜别的基金经理，但是基金经理战胜散户的平均水平问题不大。

这下我算是明白了，不同市场不同情况，再把上面学到的基金收益获取来源串联起来，可以这样理解：

◎在美国市场，没有这个超额收益获得的环境，因此跟着指数涨跌来获取“β 收益”更好

◎在中国市场，机构收割散户更容易获得超额收益，可以跟着基金经理赚超过指数表现的“α 收益”

大师：是的，给小逗你的举一反三、前后串联点赞！

美国股市 VS. 中国股市

不一样的市场形态

◎ 美国股市：长期“慢牛”

◎ 中国股市：“牛短”

不一样的投资者结构

◎ 美国股市：以机构投资者（基金）为主

◎ 中国股市：个人投资人（散户）占较大比例

不一样的收益获取方式

◎ 美国股市：α 收益很难获取，更适合追求 β 收益

◎ 中国股市：机构收割散户更容易获得超额收益

图 36 小逗的选基逻辑

小逗：大师，通过学习，我了解到定投的选基逻辑如下：

1. 先通过基金的简单分类，找到其中适合定投的类型，完成第一轮筛选：股票型基金 & 指数型基金

（PS：实际并不只有这两种基金适合定投，后续文章会逐步为大家介绍）

2. 了解两大定投门派的情况

股票基金属于“主动型基金派”，指数基金属于“被动型基金派”。

3. 选主动还是选被动，取决于自己追求哪种收益

◎愿意跟着指数，被动获得指数涨跌带来的“β 收益”，就选择被动型基金

◎想跟着基金经理，获得超越指数表现的“α 收益”，就选择主动型基金

4. 不同投资人结构，决定了不同市场适合追求哪种收益

美国职业玩家多，中国散户玩家多。在美国，作为成熟的市场，获取 α（超额）收益是很难的，更适合追求 β 收益（跟着指数上涨获得的收益），因此选择指数基金更好。

在 A 股，制度还在不断完善中，在这个还不够成熟的市场内，超额收益 α 会更容易获得，主动型基金跑赢指数存在无限可能。

5. 选择自己准备定投的市场

一方面，我对自己国家的经济发展有信心，也对自己国家国情更了解。另一方面，从定投需要“微笑曲线”的角度出发，美国是“长牛”，我们大 A 股是牛短熊长。因此，我觉得在 A 股定投更适合我。

综上，我目前的选择便是：**在 A 股，追求超额收益“α”，定投选主动型股票基金。我就是想要战胜指数表现，战胜市场，追求更高的定投回报。**

接下来就是学习如何优选“主动型股票基金”了！

定投问答

我之前也看过一些讲基金定投选基的文章，并没有特别去介绍基金收益的来源，为什么要特别强调“α”和“β”，不知道是如何考虑的呢？

奥斯卡：

◎之前没接触过基金的，一下子接触“主动 & 被动”“α & β”会有点晕

◎之前学习过基金定投的，看到这些之前并没有接触过的概念，可能也会晕

我这样做的逻辑是什么呢？请小伙伴们看图 37：

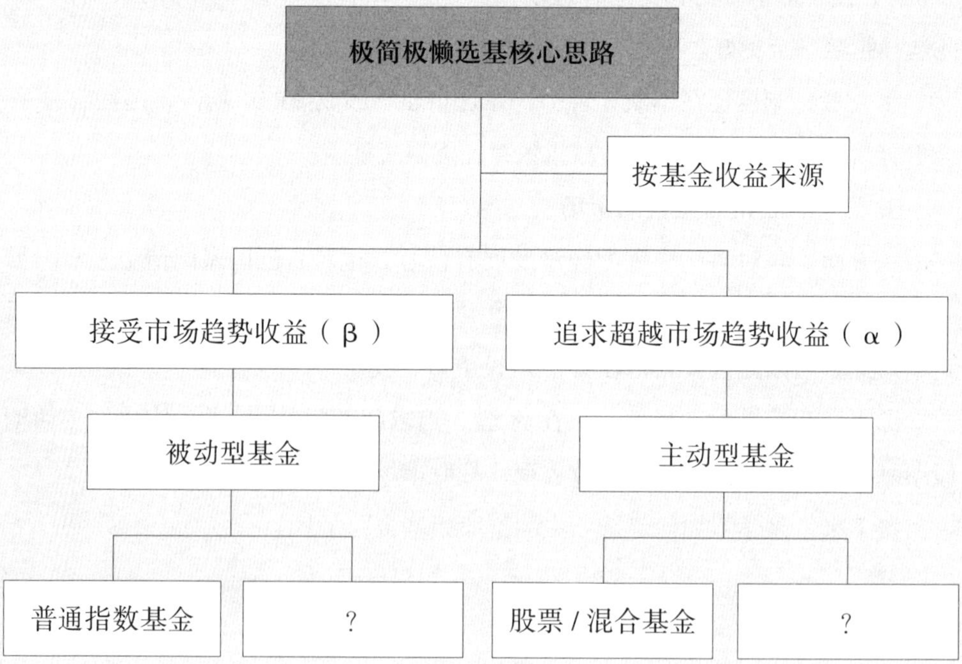

图 37　极简极懒选基核心思路

的确，这并不是一个常见的选基路线，和市面上主流的一些基金推荐的方法会不太一样。

不过，本书想要分享的选基逻辑，包括后面篇章的内容，的确就是围绕基金获取收益来源这个概念来展开的。当图中打问号的基金都介绍完后，我们就可以有最终的选择。

可能现在的你会有很多疑问，我能理解，但也希望你会愿意跟着定投系列的故事设定去慢慢了解。

奥斯卡，能否推荐一个基金，我跟着你定投。定投哪只基金最好，第一次买，能否推荐？

奥斯卡：对不起，我没有办法回答。为什么无法直接给推荐？一方面，我确实不知道“哪个基金是最好的”，可能也没人有这个答案。另一方面，即使我分享了自己定投的基金，如果不了解定投，不了解自己，不了解这个基金，真的很难坚持一直定投下去。

在选基的第一步 —— 主动型还是被动型的问题上，我们的小逗就已经来回纠结了 3 次！这就好比他在不同时间、场合（比如微信学习群、身边小伙伴、公众号大 V 等），被分别推荐了 3 次基金：

◎选主动型基金，你看这个基金经理多厉害

◎还是选指数基金，你看巴菲特都是这样推荐的

◎巴菲特那个不适合 A 股，你看数据都显示国内主动型基金都比指数跑得好

每一次，都在遇到新情况、了解新知识后，改变了之前的选择。而且这还仅仅是选基的第一步，在后面的文章里还会有很多的新情况，导致多次的选择和改变。

所以，这里真诚地建议大家思考一下：简单问别人要一个答案，真的可以定投无忧吗？那么多答案，到底听谁的好呢？

小测试

考考大家对于基金收益的两种来源，“α 收益”和“β 收益”的理解。

初中物理老师曾经在课上讲过：当小明在一列行驶中的火车上走路的时候，小明的速度 = “火车自身行驶的速度” + “他对于火车的相对速度”。

那么，对应“α 收益”和“β 收益”的话：

A：火车行驶的速度相当于__________收益。

B：小明自身行走的速度相当于__________收益。

第七章

小逗独门选基法

主动型股票基金如何选？

有什么优选基金的策略？

选择主动型股票基金的决定真的适合吗？

小逗的独门选基法

小逗：大师，上次在主动型股票基金以及被动型指数基金中做出选择后，我就开始自己钻研如何选基了。我发现，原来要选出优秀的主动型股票基金并不是很难。

大师：哦？小逗你已经有了自己的选基方法了吗？说来听听。

小逗：大师，我这就给你介绍我的“独门选基法”！逻辑是这样的，平时在日常生活中，每当我要买一些物品时，比如洗发液、牙膏等，我都会打开京东或者淘宝，点击“销量排名”，找到那个“销量第一”的产品。

为了防止刷单，我还会去看下评论，靠谱的话，就可以买买买了，是不是很机智？然后，我发现其实优选基金也可以用这个方法！

打开一些第三方基金网站（天天基金网、好买基金网等），通常在首页就会有一些热门推荐，这样很方便就能找到那些业绩特别好的股票型基金。比如说“年度基金冠军”就很符合我的胃口，作为一整个年度下来收益最高的基金，基金经理一定都是有两把刷子的。大师，你觉得这样的选基方法有没有很靠谱？

大师：哈哈，这就是你的独门选基法？选择过去的“年度冠军基金”？

小逗：完了，我有一种不祥的预感……

年度冠军基金，靠谱吗

大师：小逗，你通过销量来选出自己想要买的东西的时候，都会特别去关注一下商品的评价对吧？

小逗：是的，大师。

大师：那你用同样的方法选出“年度冠军基金”之后，有没有关注过它们现在的表现呢？

小逗：哦，这倒没有。

大师：那我问你，你觉得2015—2017年的股票基金冠军，它们2018年的收益情况，会排在所有股票基金榜单的什么位置呢？

小逗：过去那么优秀的话，我觉得现在也不会差吧。排在前十？即使差一点前五十，总归有吧？再不济也在前一百吧？

大师：答案？你自己看吧。

小逗：什么？！它们不都是之前的年度冠军吗？基金经理应该都很牛，怎么会是这样一个排名呢？

大师：如果觉得三年还不够有代表性，再来看下最近十年“年度冠军基金”的整体表现。

2007—2016年，10只冠军基金第二年的业绩表现情况如下：

◎有6只第二年排名位列同类后1/4，占绝大多数

◎有3只第二年表现平庸

◎只有1只（王亚伟的华夏大盘精选）于2007年和2009年两次出现在榜单上

小逗：好吧，想要把我的独门购物法照搬到选基上是不行了。看来选基金不能只看短期成绩，我要另外找方法了，大师我再去研究一下。

“4433选基法＋基金评级”

小逗：大师，我吸取了上次“冠军基金魔咒”的教训，这次不再只单看一年的业绩了，取而代之的是一种更高级的选基方法，那就是“**4433选基法＋基金评级**”。

◎第一个“4”代表一年内成绩排名在前1/4的基金

◎第二个“4”代表两年、三年、五年以及自当年成绩排名在前1/4的基金

◎第一个“3”代表选择近6个月成绩排名在前1/3的基金

◎第二个“3”代表选择近3个月成绩排名在前1/3的基金

怎么样？这个方法有没有特别科学、特别厉害？通过这种方法选出来的，绝对可以称得上是长、短期业绩都优秀的主动型股票基金了

除此以外，我还会额外参考一个标准，看这个基金有没有获得五星好评，不对，是五星评级！

所谓基金评级是指由业内一些专业机构，通过一个基金的综合表现来给它打分，只有特别优秀的基金才会被选上。

比如，以业内著名的“晨星评级”为例，它是把具备3年以上业绩数据的同类基金进行比较，前10%才能被评为最高的5星。

小逗：综上，“4433选基法”兼顾长短期业绩＋专业机构评级；这样经过了层层过滤筛选出来的基金，绝对是居家旅行，收益多多，长期定投必备之良基啊！

大师，你觉得这次的选基逻辑还靠谱不？

大师：不错不错，小逗你能发现这样一套选基的方法还是很厉害的，给你点赞。不过，比较可惜的是看似选基的逻辑很不错，但里面却有一个大BUG（问题）漏捡。

小逗：啊？这样还有问题啊，请大师赐教！

选择股票型基金的核心问题

大师：小逗啊，主动型股票基金的收益来源和核心要素是什么？

小逗：主动型股票基金的收益来源是基金经理的主动管理（买卖），核心要素当然就是管理这只基金的“基金经理”。

大师：没错，投资一只主动型股票基金，基本上就等同于投资它的基金经理，而你这个选基方式最大的问题就是：基金经理会中途离职，无法陪你走过整个定投周期，存在很大的不确定性！

我们先来说“4433 选基法”，这个选基法的核心逻辑是：长短兼顾。短看的是近期业绩，长看的是这只基金跨越牛熊的表现（最长看到 5 年）。

那么，这个方法背后其实有一个隐含的逻辑：要求这只基金的经理，最少需要待满 5 年。因为如果在这段时间里，换了新的基金经理，那么历史收益数据就失真了，并不能代表现在这个新基金经理的实际操盘水平。

小逗：有道理，所以大师你的意思是，选择一只主动型股票基金不能只看它的业绩表现，还必须关注基金背后经理的在职情况。

大师：是的，没错，那小逗你知道大部分基金经理在一只基金的任职年限是多久吗？“1～2 年”！在同一只基金任职 5 年以上的基金经理只占到总数的 6%！

如果你仔细观察一些基金的管理人信息会发现，历史任职经理这项，几乎都可以拉出长长的列表。

所以，当你用“4433 选基法”筛选出了一个基金，但你发现有着辉煌业绩的基金经理恰巧刚刚换人，那么你是买还是不买？

小逗：我应该不太敢买，我选出这个基金是因为他的辉煌业绩，但如果基金经理换了，我对他可没那么了解。我有个想法，我们能否从“4433 选基法”选出的基金中，只选基金经理没有变动过的，这样基金经理和收益率不就能对上了吗？

大师：好想法，这就要说到另一个概念——“持有时间”。如果你是“一把梭”，短期买卖，那通过“4433 选基法”选一个没有换过基金经理的基金是可行的。但我们是长期定投，这就又成为一个问题了。

逻辑是这样的：

◎首先，“4433 选基法”优选的基金，要求背后的基金经理有着辉煌的业绩，且他管理这只基金已经超过 5 年

◎其次，在定投这只基金之后，目标是等到下一波牛市再退出

◎最后，我们无法确定下一波牛市会在什么时候到来，按照中国股市的历史情况，很可能需要等上 3～6 年

如果要满足以上条件的话，请问，这要求这位基金经理最少要待几年不能离职呢？

小逗：让我算一下，先是 5 年（获得长期优秀业绩被选出）再加上 3～6 年（下一个牛市到来）。那就是，最少需要 8 年，长的话需要 11 年以上！不算不知道，一算吓一跳！

大师：没错，能够如此长情的基金经理本身已经是凤毛麟角，还要求那么长时间业绩能持续保持优秀，那简直是难上加难！

要知道，其实越是优秀的基金经理，越有可能更快有自己新的职业规划，离职的可能性是越高的。

小逗：大师，这些优秀的基金经理是不是都从公募基金跳槽到私募基金了呀？

大师：这很正常，如果小逗你是一个有出色能力的基金经理，你会不会选择创业成立自己的私募基金？

综上所述，我所说的核心问题就是：即使你选出了一个优秀的股票基金，基金经理也的确待了很久，可万一哪天他突然离职了，到时你就会处于很尴尬的境地，会纠结自己是继续定投还是换基金了。

小逗：被大师你这样一点拨，还真是那么一回事……

大师：接下来再来聊聊根据基金评级选择基金的问题。

有些基金网站的星级评价以基金的过往业绩为基础，进行客观分析，旨在帮助投资人找出值得进一步研究的基金，而并非代表买卖基金的建议。

基金具有高的星级，并不等于该基金未来就能继续取得良好的业绩，基金未来表现仍然受到多项因素如基金经理更换、投资组合变动等影响；也不等于其就适用于每个投资人的基金组合，因为由于每个投资人的投资目标、投资周期和风险承受能力有所不同。

投资人在挑选基金的时候，应注意以下事项：

如果基金经理有变动，星级评价不会随之改变。那么，评级结果可能只反映了前任基金经理管理该基金的业绩。

小逗：大师，最重要的应该是这句话——"如果基金经理有变动，晨星星级评价不会随之改变"……意思是这个评级只负责统计历史，是根据历史来制定评级的；这代表了用评级选出来的基金，很可能反映的是前任基金经理管理该基金的业绩。这和"4433 选基法"有着同样的问题，选中的只是漂亮的外在，内在已经变得完全不一样了。

大师：所以，看懂了这个，你还会觉得基金评级的参考价值很高吗？

小逗：听完你的分析，我感觉整个基金观、价值观都被颠覆了，你是不知道网上有多少人推荐这个"4433 选基法"和"基金评级"！

一个真实的反转案例

大师：接下来，让我们再去看一个真实的案例吧。通过“时光修炼所”，回到2016年5月18日。小逗，当你看到下面这个基金（国泰中小盘160211）的业绩表现时，会是什么心情？

小逗：这个基金业绩厉害了，不仅各阶段收益率完胜大盘（沪深300），还始终位居同类前列：

◎最近6个月收益排名第四

◎最近1～3年收益排名都在同类前十

◎最近5年收益排名位居同类前三

◎晨星三年、五年★★★★★评级

大师：是不是完全符合你的“4433选基＋评级”的选择标准？

小逗：对对对，按照我的选基逻辑，毫无疑问是会定投这只基金的。

大师：OK，那让我们来到2018年8月8日，再来看下这只基金的表现如何。

小逗：我没看错吧？短短两年，这只基金的业绩就从名列前茅变为了几乎垫底？

大师：是的，你没看错，另外晨星评级也已经从五星下调为四星了。

小逗：天啊，到底是什么原因导致了这样的反转？

大师：这里面固然有近两年整体市场不景气的原因。除此以外，我觉得和之前获得光辉业绩的基金经理张玮转战私募，也是有一定关系的。

小逗：很难想象要是在两年前，我用“4433选基法”选出这个基金定投，今天在知道了这个BUG后会是什么心情……

基金经理不是关键

小逗：虽然今天依然没有任何悬念地被各种打脸，但现在我总算是醒悟了：

在A股，因为大量散户的存在，机构获取超额收益α是会比较容易，主动型股票基金跑赢指数是存在了无限可能。

但是，主动型股票基金背后那个起着决定性作用的人——基金经理，是一个非常大的变量，是完全不可控的。

即使我设置各种条件，通过各种指标，选出一个特别优秀的主动型股票基金，我也完全没有把握背后这位基金经理会一直陪伴我定投等到牛市止盈。

换句话说，因为基金经理这一个变量，会导致所有筛选优秀主动型股票基金的方法都失效！

大师，这一定就是之前当我在“主动型股票基金”以及“被动型指数基金”里选择了前者时，你神秘一笑的原因了吧。

大师：是的，我想小逗你现在应该已经理解了，如果准备在A股长期定投，那么选以基金经理为核心的主动型股票基金是不合适的了，你要寻找新的答案了。

小逗：正所谓天将降选基大任于斯人也，必先苦其心志，打其左脸，再打右脸……

定投问答

"我前几天看到一个广告，貌似是一个业绩很好的基金，可以购买吗？"

奥斯卡：第一眼看上去是很厉害啊，在那么多主动型股票基金里排名第一！

（PS：股票/混合基金类型相近，主要区别在于持有股票的比例不同，为了方便起见，在这个系列就统一称作"股票基金"。）

估计不只是你，其他小伙伴看到这个激动人心的广告，也可能会考虑是否要购买这个"牛基"。

让我们通过两个维度来思考一下——

第一个维度：这个基金用"4433选基法"的话会不会被我们选出来呢？

通过文中"年度基金冠军魔咒"这个案例，相信小伙伴们已经了解了选基金并不能只看一年的业绩。因此，如果用了"4433选基法"，这个基金很可能是不会被我们选出来的。

另外，作为一个理性的投资者你需要知道，第三方基金网站的首页通常最喜欢把"短跑冠军"拿出来打广告。

站在网站的角度也能理解，网站靠基金销售业绩生存，涨得好的基金，大家看了就会心动，所以拿它当广告明星再好不过了。

第二个维度：这个基金是不是基金经理主导的主动型股票基金？

如果这个基金真的被"4433选基法"选出来了，过去你可能还会犹豫不决，但看完今天的文章，你应该会清楚了，即使现在广告打得再猛，业绩再出色，之后一旦换了基金经理，就等于是被动换了一个新的基金，充满了不确定性。

如果是做好了长期定投准备的，对主动型的股票基金，建议还是谨慎选择。

有没有过一种感觉，那就是你买的基金总是与你作对："买之前明明业绩不错，怎么买完就开始跌跌不休呢？"

事实就是如此，在主动型股票基金上，有太多不确定因素导致了过往业绩根本无法代表未来表现！

我们知道，成功定投最重要的是坚持，而想要能够坚持下去，需要有不动摇的信心。

我能接受收益有波动，我也能接受长期浮亏，这些都不会动摇我定投的信心。但是，基金经理这个变量太致命了。

如果定投的是股票型基金，基金经理换人了，我的信心一定会动摇。我会一直去怀疑，这个基金是否还值得继续定投下去。

所以，避免这个最大的变量，不选择主动型股票基金，可能是对"定投小白"来说最好的选择。

事实是，除了基金经理这个变量以外，还有诸如基金规模变大、投资风格漂移等因素影响着选基这件事，这在后面的文章里会和大家逐一进行分析。

小测试

小伙伴们快来留言，现在当你看到以下“名词”的时候，心里是否会淡然许多？

排名靠前、明星基金、明星经理、王牌股基 、收益率靠前、近三个月最高、五星基金、三好牛基、今年最高、金牛基金。

第八章

冰火两重天的量化基金

对之前持有或将要定投的基金投资风格多一些了解。

对主动型基金获取超额收益（α）有合理预期。

什么是量化基金

小逗：大师，我想知道有没有一种主动型基金，不需要依赖基金经理也能获取超额收益呢？

大师：哈哈，我就知道你会这么问，的确有一种基金可以做到，它就是传说中的“量化基金”。

小逗：这个“量化”是什么意思，听上去就很厉害，它和普通的基金有什么不同呢？

大师：在解释这个“量化”之前，让我们先来回顾一个在过去曾经被热议的事件。2016 年，谷歌的人工智能阿尔法狗（AlphaGo）对战围棋世界冠军李世石，小逗你有印象吗？

小逗：有啊，记得当时是以阿尔法狗的完胜结束的。

大师：那我问你，是不是这个阿尔法狗本身真的会下棋呢？

小逗：并不是，据说阿尔法狗通过大数据的计算能测算出棋手的落子，从而战胜了李世石。

大师：既然你对于阿尔法狗有所了解，那现在再来说量化基金就简单了。

你可以把量化基金理解为：

◎基金经理通过大数据分析，设计了一只阿尔法狗来帮忙买卖股票

◎普通的基金是基金经理作为主导来选股，量化基金是由阿尔法狗自动选股，也就是人和机器人的区别

小逗：那这个阿尔法狗是怎么选股票的？又有什么标准？

大师：每个量化基金，都有一个自己的选股模型，这个选股模型就类似一个打分系统，其通过多个维度（又称为多因子）对股票进行打分。最终，将打分最高的一些股票组合起来，就成了这个量化基金。

小逗：这听起来很黑科技呀！我理解打分，但这个维度（多因子）是什么?

大师：“维度”可以理解为打分标准，比方说这个股票它的估值是高了，还是低了？它的未来成长是不是稳定？它的盈利能不能持续？这些就都是“维度”。

小逗：哦，还是不懂……不过这些我不是很在意，我最关心的是，基金经理是不是量化基金的核心要素呢?

大师：你现在选基金相当在意这点。和股票基金经理主导选股不同，量化基金经理的主要职责就是做好选股模型，之后是由这个模型来完成选股，经理人并不干涉模型的判断结果，纪律性很强。

小逗：那是不是意味着，只要选股模型一旦确定了，基金经理的离职对量化基金的影响并不会很大，对吗?

大师：是的，量化基金投资就是希望尽量杜绝人的非理性因素。

小逗：太棒了，这样即使换帅也不会像股票型基金那样业绩大变脸，要的就是这个效果！接下来的问题就是量化基金的业绩如何？能否稳定获得超额收益?

大师：这个就说来话长了，我们去“时空修炼所”，你自己感受一下吧。

量化基金过往表现如何

大师：首先，让我们回到 2016 年底，小逗，用你的“4433 选基法”看看会选到哪几个基金。

小逗：好的，我这就试试。

序号	代码	简称	单位净值	近1年定投收益	近2年定投收益	近3年定投收益	近5年定投收益
1	519983	长信量化先锋混合	2.2140	25.42%	50.81%	99.04%	158.48%
2	160211	国泰中小盘成长混合（LOF）	2.9360	29.78%	53.91%	84.79%	143.26%
3	163406	兴全合润分级混合	1.1413	13.76%	39.30%	75.76%	136.04%
4	160212	国泰估值优势混合（LOF）	2.3960	31.11%	63.10%	97.90%	134.69%
5	163110	申万量化小盘	2.6280	18.20%	42.24%	79.14%	129.07%
6	233009	大摩多因子策略混合	1.8590	17.94%	34.23%	71.99%	128.03%
7	470009	汇添富民营活力混合	2.8250	2.48%	17.11%	49.90%	118.15%
8	519704	交银先进制造混合	2.6110	18.14%	39.22%	68.26%	117.60%
9	460005	华泰柏瑞价值增长混合	2.6295	8.71%	36.60%	72.87%	115.54%
10	210004	金鹰稳健成长混合	1.3660	18.54%	34.32%	66.69%	111.50%

表 16 “4433 选基法”基金收益对比

小逗：量化基金很厉害，按照 5 年定投收益来做排行，排名第一的就是量化基金，并且前十里有三个量化基金。

大师：是的，如果在这个时点对比一下其他基金的话，你会发现量化基金的表现的确相当突出。

小逗：量化基金的业绩实在是太耀眼了！

大师：接下来问题来了，你觉得排行榜上那几个量化基金，在之后是否依然能维持优异的表现？理由是什么？

小逗：我觉得应该会，理由如下：

◎ **过往业绩证明该基金的量化模型和策略是卓有成效的**

◎ **量化基金并不用担心基金经理离职，人走了模型还在**

这样一想，我都好想赶紧定投量化基金了。话说那个排名第一的“长信量化先锋”，听名字就觉得很厉害了。

大师：为你鼓掌，有理有据，令人信服！

小逗：完了，每次这个时候都会有一种不祥的预感……

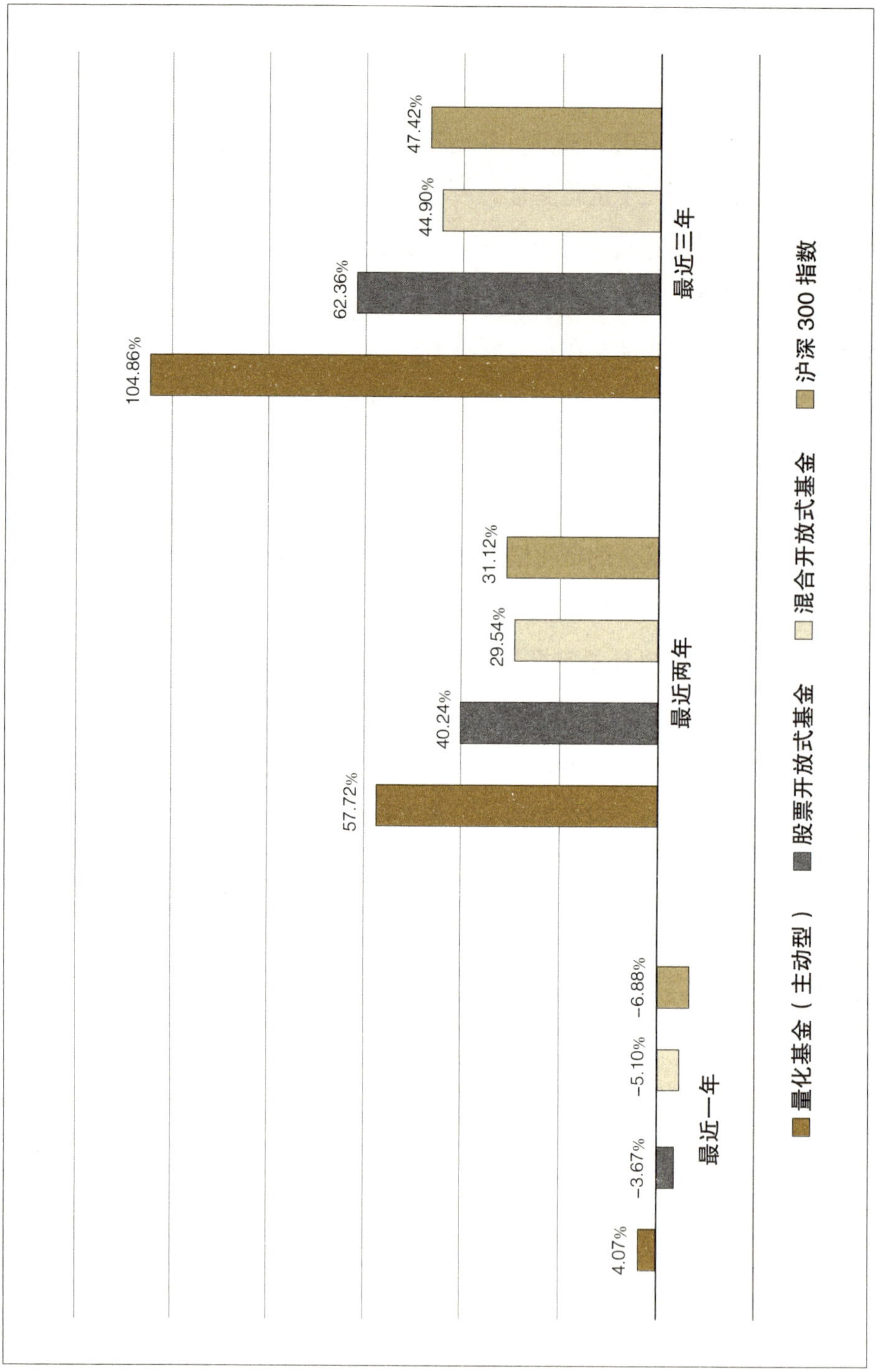

图 38 各类型基金市场的平均表现

量化基金的业绩能完美持续吗

大师：现在，让我们从 2016 年底来到 2017 年中，小逗，你现在再去看下上面那几只量化基金的表现如何。

小逗：不看不知道，一看吓一大跳啊！大师，之前那三只排行榜上的量化基金，在 2017 年上半年竟然都亏了。特别是之前排名第一的“长信量化先锋”亏的竟然还是三只里面最多的，排名也几乎下滑到了末尾！

小逗：大师，你说这个量化基金，之前业绩如此之好，怎么会一下子就业绩大变脸了？

大师：你想多了，并不是一个基金的问题，是整体量化基金的业绩都出现了反转。

小逗：那我就更不能理解了，如果是股票基金在换了经理人之后，可能会出现较大的业绩反差，但它是量化基金，别说根本没换基金经理，即使换了应该也没影响。那到底是什么原因呢？

	阶段涨幅	同类平均	沪深 300	同类排名	四分位排名
近1周	-2.18%	-0.17%	0.44%	2504 | 2609	不佳
近1月	-1.75%	1.17%	2.43%	2399 | 2579	不佳
近3月	2.88%	4.92%	5.42%	1369 | 2485	一般
近6月	-3.79%	6.99%	13.38%	2278 | 2352	不佳
当年	-11.13%	9.78%	18.75%	2059 | 2080	不佳
近1年	-11.26%	7.12%	18.12%	1757 | 1811	不佳
近2年	28.72%	9.82%	10.07%	119 | 1173	优秀
近3年	93.44%	60.56%	64.06%	111 | 725	优秀

表 17　量化基金收益 1 周到 3 年对比

大师：小逗你别急，我们先来看两组数据。

第一组数据显示，2016 年排名前十的量化基金，到了 2017 年上半年，基金收益全部告负，无一例外。

证券代码	证券简称	基金成立日	2016 年涨跌幅（%）	2017 年涨跌幅（%）
519983.OF	长信量化先锋混合 A	2010-11-18	10.52	-12.32
001637.OF	嘉实腾讯自选股大数据策略股票	2015-12-07	7.06	-1.21
001897.OF	九泰久盛量化先锋混合 A	2015-11-10	5.96	-0.54
001421.OF	南方量化成长	2015-06-29	5.77	-10.84
202019.OF	南方策略优化混合	2010-03-30	5.37	-6.79
163110.OF	申万菱信量化小盘	2011-06-16	5.11	-2.47
400018.OF	东方启明量化先锋	2015-12-03	4.49	-2.60
519965.OF	长信量化多策略	2015-07-14	4.19	-4.57
519975.OF	长信量化中小盘	2015-02-04	3.76	-9.11
519712.OF	交银阿尔法核心混合	2012-08-03	2.70	-1.51

表 18 量化基金 2016—2017 年收益

小逗：啊啊啊，量化基金果然都是骗人的！

大师：并不是这样，你再看下面第二组数据：

证券代码	证券简称	基金成立日	2016年涨跌幅（%）	2017年涨跌幅（%）
580007.OF	东吴安享量化混合	2010-06-29	-19.96	10.19
630005.OF	华商动态阿尔法混合	2009-11-24	-15.43	-13.93
481017.OF	工银瑞信量化策略	2012-04-26	-15.10	8.11
000646.OF	华润元大医疗保健量化	2014-08-18	-10.68	-2.19
001143.OF	华商量化进取混合	2015-04-09	-10.26	4.20
080005.OF	长盛量化红利策略	2009-11-25	-10.15	5.67
000609.OF	华商新量化混合	2014-06-05	-10.07	-0.48
320016.OF	诺安多策略混合	2011-08-09	-9.96	-6.91
377010.OF	上投摩根阿尔法混合	2005-10-11	-9.82	21.85
630015.OF	华商大盘量化精选混合	2013-04-09	-8.41	-0.80

表 19 量化基金 2016—2017 年收益

大师：2016 年排名靠后的 10 只量化基金，部分却在 2017 上半年实现了逆袭。其中，最典型的是“东吴安享量化”，在 2016 年下跌 19.96%，排名垫底，但在 2017 上半年却逆市上涨 10.19%，完胜 2016 年的量化冠军“长信量化先锋”。

综合以上两组数据，我们可以了解到：

◎全市场量化基金在 2017 年上半年表现各异

◎2016 年表现好的量化基金，2017 年表现不甚理想

◎2016 年表现差的量化基金，2017 年多数表现不错

◎有部分量化基金在 2017 年上半年的收益超过了 20%

小逗：好变坏、坏变好，大师，我现在彻底晕了，能告诉我这是为什么？

大师：要把这件事搞清楚，需要绕一个大弯，这一切需要从 A 股的性格说起。

A 股是个“两面派”

大师：小逗，你见过一个人呈现出两种完全不同的性格特征吗？

小逗：我就是，既可以静如处子，也可以动如脱兔。

大师：之前我们说过 A 股有一个明显的特征——“牛短熊长”。除此以外，A 股还会表现出两种完全不同的性格，我们把它称之为“市场风格轮动”。

小逗：什么是市场风格？什么又是轮动呢？

大师：先说**市场风格**，在 A 股里，可以简单理解为有两种风格的股票：

◎大盘价值（蓝筹）风格

◎中、小盘成长风格

（PS：这样简易分类是为了方便“小白”轻松理解，不够严谨的地方，还请基金达人谅解。）

小逗：听说过，具体不是特别清楚，反正就是两种风格不同的股票。

大师：再说轮动，在 A 股某一段时间里，通常会有一种风格的股票表现得比另一种风格的股票好很多。

比如，在 2012 年，大盘风格股票涨涨涨，中小盘风格股票跌跌跌。而到了 2013 年，中小盘风格股票涨涨涨，大盘风格股票跌跌跌。

小逗：本来 A 股已经让人够不省心了，这下还多了一个“风格轮动”，更麻烦了。大师，那我们投资的基金本身是不是也有自己的风格？

大师：没错，就拿量化基金来说吧——

◎量化基金有自己的选股模型，而选股模型有自己的选股风格

◎如果某一只量化基金，它由很多中、小盘股票组成，那我们就可以把它简单称为“中小盘风格的量化基金”

◎如果某一只量化基金，它由很多大盘股票组成，那我们就可以把它简单称为“大盘风格的量化基金”

小逗：具体在哪里可以看到持股风格的描述？

大师：一般在基金的招募说明书或者基金报告里可以看到，你也可以在第三方基金网站的基金介绍页面里找到。

小逗：收到，我按照大师说的方法刚刚去看了一下“长信量化先锋”的基金报告，发现它是持有小盘股为主的，所以我们可以把它看作是一只“小盘风格的量化基金”，对吧？

报告期	基金投资风格
2017 年 2 季度	小盘
2017 年 1 季度	小盘
2016 年 4 季度	小盘
2016 年 3 季度	小盘

表 20　2016—2017 年资金投资风格

大师：没错，那你现在能不能想到“长信量化先锋”业绩反转的原因呢？

小逗：嗯……难道和基金投资风格以及 A 股市场风格轮动有关？

大师：我们来看一下当时的市场情况你就清楚了。

市场风格轮动对基金业绩的影响

大师：从图 39 可以看到，2016 下半年到 2017 年上半年，市场风格有一个很明显的结构性分化，大盘风格基金远比中、小盘风格基金的表现要出色！

小逗，现在你能试着自己分析一下原因了吗？为何长信量化先锋在 2017 年表现得不好，为何一些量化基金在 2016 年、2017 年的表现两极分化？

小逗：大师，我已经想通了，主要有以下几点原因：

◎2016 年到 2017 年是 A 股市场风格特别明显的一年，大盘风格基金上涨，小盘风格基金在下跌

◎长信量化先锋是小盘风格基金，基金风格和市场风格不匹配，所以 2017 年表现不佳

◎2016 年表现一般的大盘风格基金，在 2017 年和市场风格相匹配，因此反而表现不错

所以，并不是量化基金不灵了，而是正好遇上市场风格的轮动，才导致了部分基金收益表现不佳。

大师：哈哈，这次是真心给小逗你点赞了，总结得超棒！

小逗：谢谢大师夸奖，我也在努力成长。对了，大师，市场风格轮动应该不止影响量化基金吧？那些由基金经理管理的股票基金，如果也是小盘风格的话，在 2017 年的表现应该也不太好吧？

大师：的确如此，如果是看着 2016 年的排行榜，买入了小盘风格股票型基金的话，到了 2017 年那些投资者一定会很莫名，之前业绩那么好怎么自己一买就亏……

小逗：对对对，这种情况真的很常见。既然市场风格轮动对基金业绩的影响这么大，那基金的投资风格一定一成不变吗？会不会有基金跟随市场转变自己的投资风格呢？

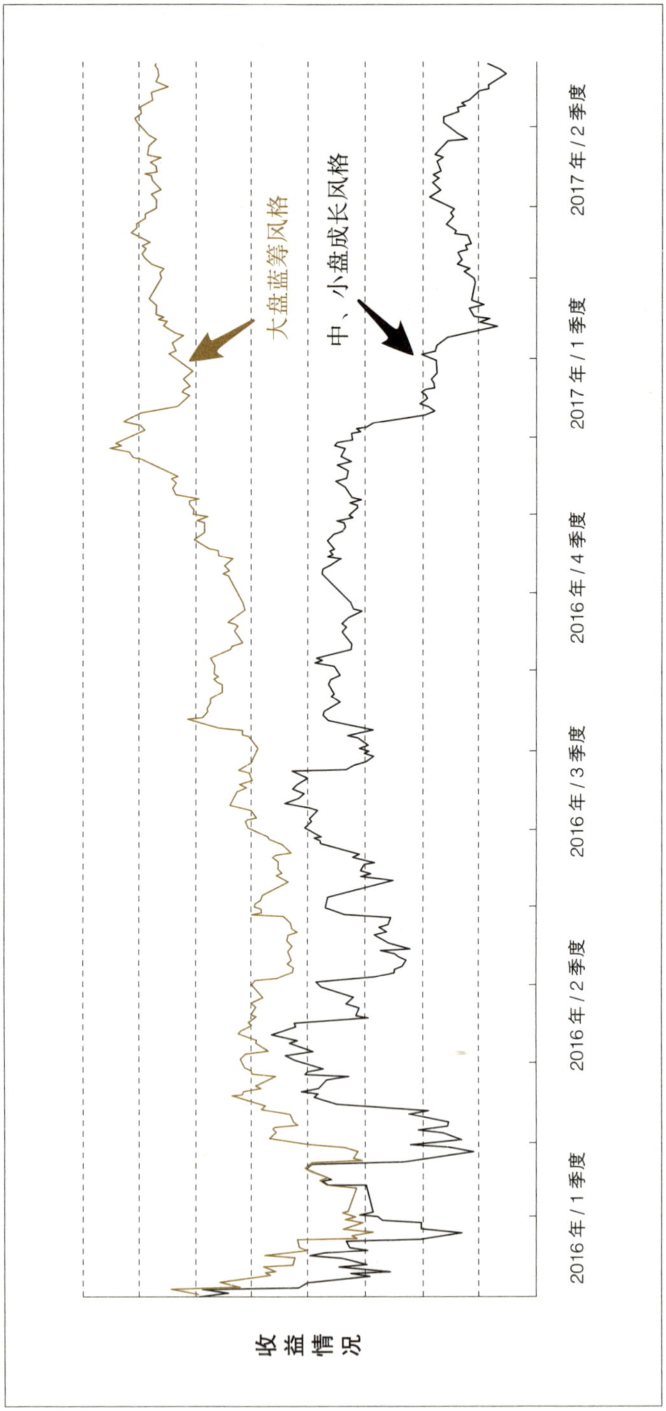

图 39 大盘风格基金 VS. 中、小盘风格基金

投资风格七十二变的基金靠谱吗

大师：小逗，你来看下“南方量化成长”这只量化基金的投资风格。

报告期	基金投资风格
2018 年 2 季度	中盘
2018 年 1 季度	中盘
2017 年 4 季度	大盘
2017 年 3 季度	大盘
2017 年 2 季度	中盘
2017 年 1 季度	小盘
2016 年 4 季度	小盘
2016 年 3 季度	大盘

表 21　南方量化成长投资风格转变

小逗：咦？2016 年 3 季度的持仓风格偏大盘，4 季度偏小盘，2017 年 3 季度又转回大盘，基金的投资风格还真是可以七十二变。

大师：有趣吧！这种情况我们称之为“风格漂移”，而这类基金被称作为“风格漂移型基金”。

一般基金都有其固定的投资风格，但有些基金经理为了提升业绩会偏离选股的类型，原本应该专注蓝筹价值股，却转而配置中小盘成长股，就像你看到的那样。

小逗：大师，我觉得这类“风格漂移型量化基金”不错。

第一，是量化基金，没有基金经理变更烦恼（每次都要提一下，我也是真的怕这个了）。

第二，不会受到我们 A 股风格轮动的影响，大盘形势好转大盘，小盘形势好转小盘。

大师：这种类型看似很好，但其实也是有相对应风险的。风格偏移代表的是“主观择时”，也就是你要去揣测A股的市场风格去做相应的改变。猜对了是挺好，那如果猜错了呢？

你只是看到某只“风格漂移基金”在某一段时间的表现不错，那你有没有去关注过大部分这类基金长期的表现呢？

更多的情况可能是：A股小盘风格表现好的时候，基金转大盘风格了；大盘风格好的时候，基金又转去小盘风格了，两边都不讨好！

小逗：嗯……大师讲得有道理！主观择时的确会导致很大的不确定性，应该尽量规避。那，大师，我们又该如何看待市场风格轮动导致的收益反转问题呢？

大师：这个问题需要把你现在了解到的和之前心法篇的知识串联起来，就能得到答案了。

首先，我们的目标是“等到牛市止盈”，一般一轮定投的时间大概会是3～6年，属于长期定投。虽然因为A股市场风格轮动，会导致某一种投资风格的基金在某些年份的表现会比较一般。

但是，从长期定投的角度来说，只要这段时间内基金本身不发生风格漂移，那不论是哪种投资风格，基本都会有轮到它发挥的时候。

其次，我们需要定投画出“微笑曲线”，能接受先浮亏后赚钱。

因此，即使某一年基金因为市场风格轮动而表现不佳，但这反而是给我们更多机会去拉低定投的平均成本。等到牛市来临之后，基本上各个不同风格的基金都会一起涨起来，止盈退出时获得的定投收益率也会更高。

综上，风格轮动对短期持有买卖来说影响会较大，但对穿越一轮牛熊的长期定投影响就没那么大了，忽略过程享受结果吧！

小逗：每次经过大师点拨，都好比打通了任督二脉，就是舒服。如此说来，量化基金是真的很适合长期定投，我的“真命天基”看来就是它了。

大师：先别急着下结论，量化基金也不是你想的那么“完美”，也会有自己的不确定性。

量化基金的不确定性

大师：量化基金能否长期保持业绩稳定，不确定性有以下三项：

第一，基金规模变大

通常，一个好的主动型基金都会经历这样的几个过程：崭露头角——业绩持续优异——吸引更多投资者目光——规模不断攀升——出现业绩钝化——锋芒不再。这背后的主要原因是，规模变大后，基金经理的管理难度也相应增大，业绩容易下降。

虽然量化基金的核心不在于基金经理，但也不是完全没有影响。据了解，基本上每一个量化模型都存在着自身的规模上限，规模的大小会影响到量化策略的有效性。

比如“长信量化先锋”，在 2015 年底的规模是 26.12 亿元，由于 2016 年的成绩特别突出，到了 2017 年规模增长了八十多亿。之后的业绩不佳，既有市场风格轮动的原因，也可能有规模太大导致量化模型失效的原因。

第二，选股模型失效

决定一只量化基金投资策略是否奏效的关键在于模型有效性和适用性。量化基金是根据过往的业绩回测，提前制定投资策略，这就注定了投资是有时效性的。如果市场本身发生很大变化，过去规律在未来不再重复，量化模型又未能及时做出调整，则可能会出现选股模型不工作或者工作得不太好的情况。

第三，投资风格偏移

关于这点已做过举例说明，主动型基金一般在投资说明书里对持有股票的风格不会有明确的限制。

小逗：了解了大师，我现在有一种感觉，选基之旅其实就是寻找“确定性”之旅，哪种基金的确定性高，定投就越容易坚持。

不确定性	主动型股票基金	主动型量化基金
基金经理更换	核心要素影响极大	并非核心要素 影响不大
基金规模变大	影响较大	影响相对较小
风格偏移	可能存在	可能存在
其他	基金经理情绪、“老鼠仓” 等影响大	选股模型的有效性失效 待考量

表 22　选基的不确定性

按照大师的分析，我对比了“股票型基金”和“量化基金”的确定性，虽然量化基金也有一些瑕疵，但的确会更适合定投。

小逗：感谢大师今天那么细致地为我讲述了“量化基金”这个特殊的基金类型。（见图 40）

同时，我对于“A 股市场风格轮动”“基金规模”和“投资风格漂移”也都有了一定程度的了解。

话说，我发现这次自己又被来回打脸了：

◎**先是在 2016 年，根据“4433 选基法”通过历史业绩选择了排名第一的量化基金“长信量化先锋”**

◎**然后在 2017 年，看到“长信量化先锋”的表现很差，立刻想换基金**

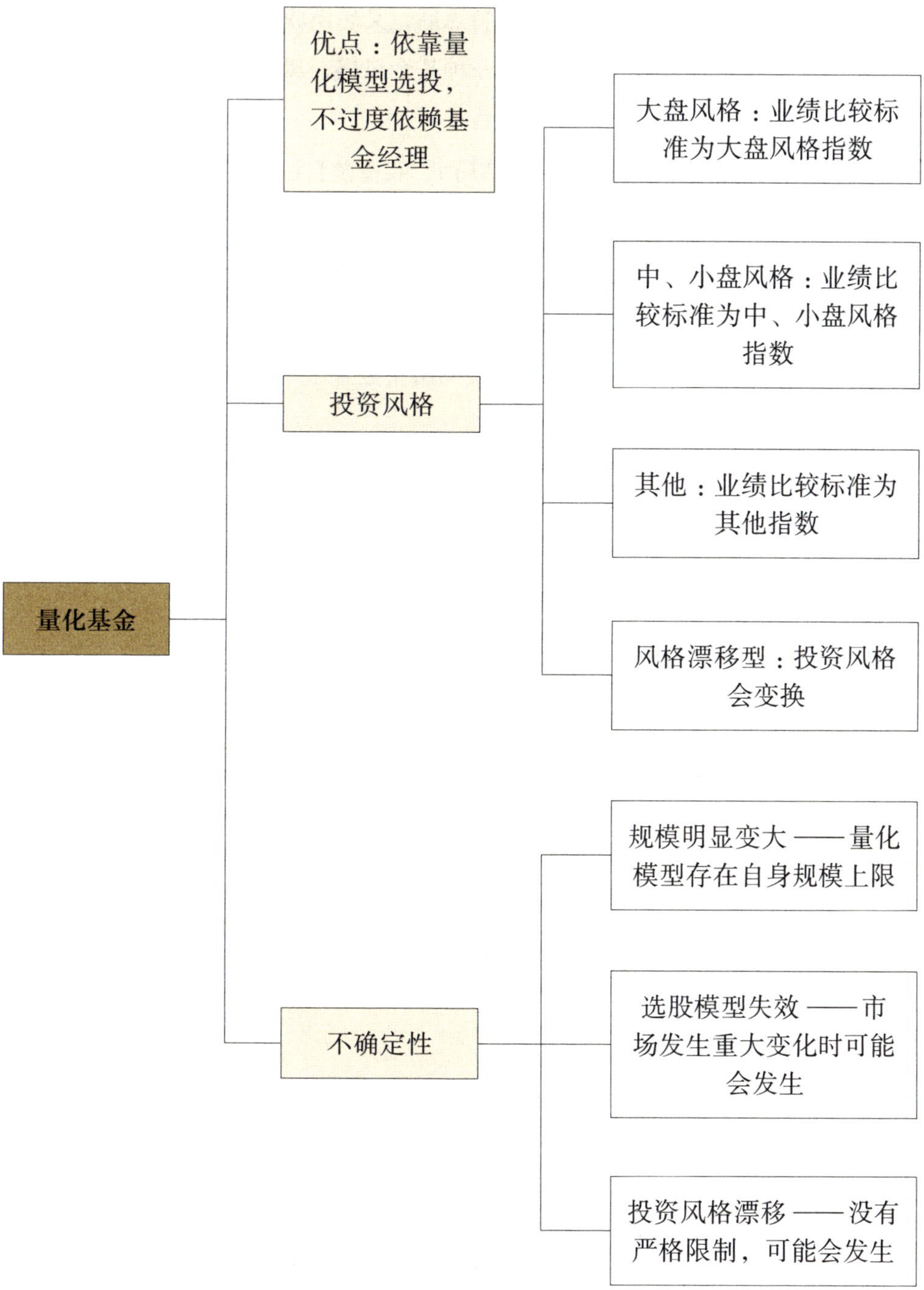
量化基金
优点：依靠量化模型选投，不过度依赖基金经理
投资风格
大盘风格：业绩比较标准为大盘风格指数
中、小盘风格：业绩比较标准为中、小盘风格指数
其他：业绩比较标准为其他指数
风格漂移型：投资风格会变换
不确定性
规模明显变大——量化模型存在自身规模上限
选股模型失效——市场发生重大变化时可能会发生
投资风格漂移——没有严格限制，可能会发生

图 40 量化基金

◎在了解 A 股有市场风格轮动的特点后，又想换成“风格漂移型基金”

◎对于长期定投来说，可以坚持一种基金风格，风格轮动并不会有很大影响，安心等到牛市止盈即可

好在最后是 Happy Ending（完美结局），我清楚自己有了一个新的选择，可以不依靠基金经理，而是通过量化基金的阿尔法狗来获取我想要的超额收益。

大师：小逗，那你现在决定要选择量化基金了吗？

小逗：并不会，通过这两次的打脸之旅，我认识到自己还有很多的基金知识需要了解。我想和大师继续学习“被动型指数基金”，在综合对比后再做出最后的决定吧！

定投问答

"奥斯卡，关注了三个主动型的量化基金，想请你帮忙看下哪个基金更好。它们分别是 1xxxx、2xxxx、3xxxx……"

奥斯卡：我把小伙伴问题中的基金代码给隐去了，这里借三个虚构的量化基金，来分享一下基金对比的思路。

（PS：这样大家可以套入任意三个主动型基金）

基金名称	2017年收益
量化基金 A 发发发	10.00%
量化基金 B 萌萌萌	0.07%
量化基金 C 66666	–3.88%

表 23 量化基金 2017 年收益对比

表 23 的三个量化基金，如果是你，你会选哪个基金？很多人会说这问题真够无聊的，一个赚 10%，一个没赚钱，一个还亏了，肯定是"量化基金 A 发发发"的选股模型更有效更好。

按照这个思路，我们给三只主动型量化基金 ABC 排座次：量化基金 A 发发发 > 量化基金 B 萌萌萌 > 量化基金 C 66666。这的确是最直观的理解，那么，真的是这样吗？

这里需要把第六章以及本章的内容串联起来：

◎基金有两大门派：主动型基金和被动型基金

◎主动型基金的目标是跑赢指数，获得超额收益

◎A 股主要有两种不同投资风格的基金（大盘风格和中小盘风格）

◎不同投资风格的主动型基金，都有相对应要跑赢的指数

◎A 股自身有风格轮动，轮动到大盘风格的话，则相对应风格的指数和基金表现会比较好

综上，评价一个主动型基金是否优秀，并不能只看业绩（收益率），还要看基金本身与其所属风格指数之间的业绩比较！

具体如何理解呢？让我们接着看案例。仔细查阅三只基金的投资风格后发现：

基金名称	投资风格	业绩参考标准（指数）
量化基金 A 发发发	大盘风格	大盘风格指数
量化基金 B 萌萌萌	大盘风格	大盘风格指数
量化基金 C 66666	小盘风格	小盘风格指数

表 24　量化基金投资风格比较

（PS：大盘风格和小盘风格具体对应什么指数，我们下一章会详细介绍，这里大家只需要有一个概念即可）

然后，假设 2017 年大盘风格指数整体上涨 10%，而当年小盘风格指数整体下跌 20%。这样一来，实际情况其实是：

基金名称	2017年收益	投资风格	获得的超额收益
量化基金 A 发发发	10%	【大盘风格】+10%	实际没有跑赢指数 α（超额收益）为 0
量化基金 B 萌萌萌	0.07%	【大盘风格】+10%	实际跑输指数 9.93%，α（超额收益）为 –9.93%
量化基金 C 66666	–3.88%	【小盘风格】–20%	实际跑赢指数 16.12%，α（超额收益）为 16.12%

表 25　不同风格的量化基金 2017 年收益对比

由此我们知道了，第一眼看上去业绩表现最佳的“量化基金 A 发发发”，实际它更多是受益于正好处在大盘风格指数上涨的风口，并不能说本身的选股模型一定有多优秀。

而“量化基金 C 66666”，明显是错怪了它，虽然这个基金 2017 年是亏了 3.88%，但是它对应的小盘风格指数实际怒跌了 20%。也就是说，“量化基金 C 66666”实际帮助它的投资者少亏了不少钱，深藏了功与名。甚至，它的量化模型还很可能是最出色的，如果在小盘风格轮动的风口，或许会获得非常出色的业绩。

这样的一个剧情反转，不知道小伙伴们能否理解呢？里面涉及了几种不同基金知识的综合运用，还请大家认真阅读，深度思考一下。

虽然主角是量化基金，但其实奥斯卡更多是想通过量化基金的故事来告诉大家：

1. 对之前持有或将要定投的基金投资风格多一些了解

我知道有很多小伙伴发生过这样的情况，定投了一只基金一年后，对比其他的基金，发现自己的亏了 3.88%，别的小伙伴反而涨了 10%，就很可能会想要换基金了。

其实，当我们定投的基金收益表现不好时，别急着否定这只基金，记得先了解一下它的投资风格。

比如你选择了大盘风格的主动型基金，就不能在中小盘风格大热的时候，要求自己的基金必须跑赢中小盘基金。有时候大家觉得心烦，是因为看自己的基金跌，别的基金在涨。基金风格不同，市场风格轮动，搞清楚自己所投资的基金风格，弄明白涨跌的原因可能就不会心烦了。

（PS：关于基金风格的知识较多，奥斯卡分散在了 8、9、10 三章，让我们结合具体案例循序渐进地将它们消化）

2. 对主动型基金获取超额收益（α）有合理预期

A 股市场是有风格轮动的，基金本身也有不同的投资风格，因此主动型基金的超额收益（α）有大年（市场轮动到和自己同风格）和小年（市场轮动到和自己不同风格）的区分，在大年的时候超额收益可以特别好，在小年的时候超额收益会低一些。

还需要注意的是，有时候即使跑赢了指数，获得了超额收益（α），基金也依然可能是负收益。比如某一年大盘指数跌了 20%，某大盘蓝筹风格的量化基金跌了 5%，虽然超额收益有 15%，但很可能在你眼里这个基金就是一个差基金，因为没能帮你赚钱。

请务必知晓，指数有涨跌，我们买的主动型基金也会随着涨跌，只不过希望涨得更多、跌得更小。追求稳定的超额收益，是看长期而不是短期的，还请小伙伴注意心态平衡。

那么，量化基金是最后的选择吗？选中、小盘还是大盘风格？这两种风格对应的指数又是什么？

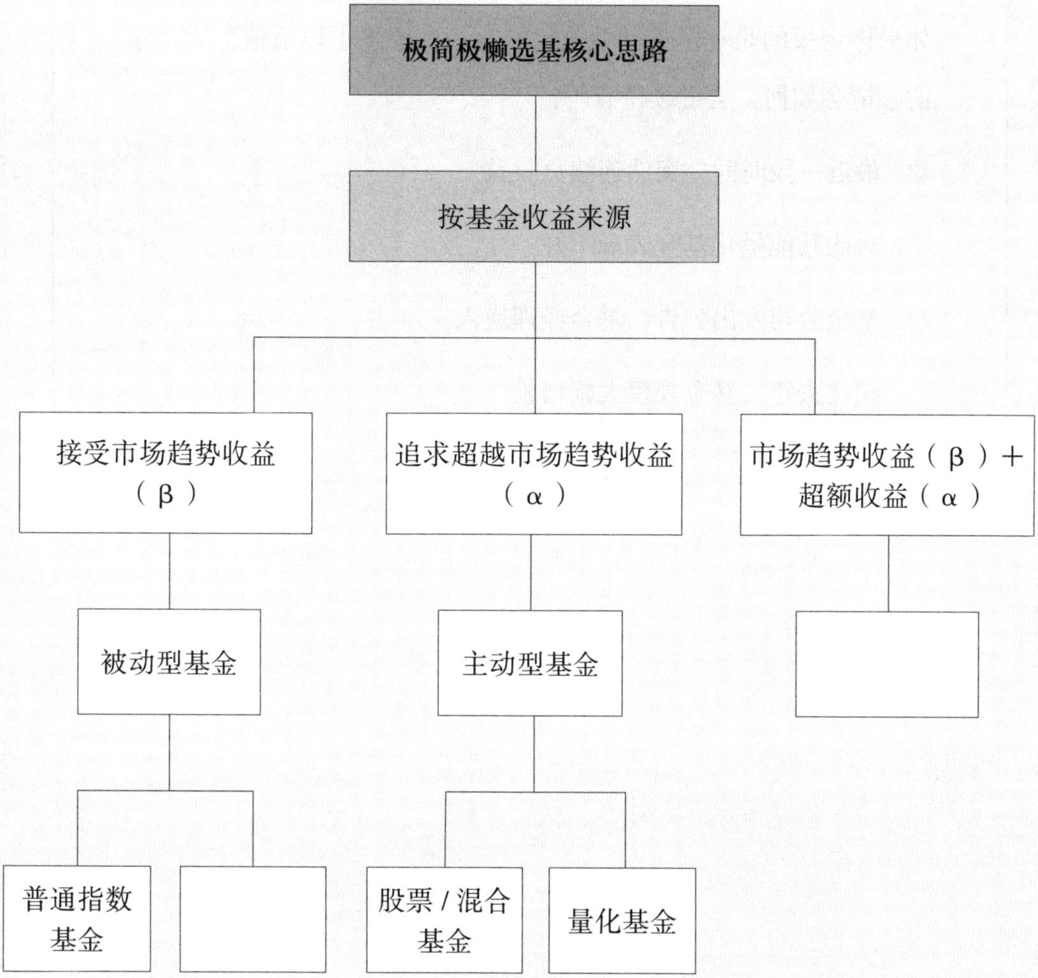

图 41　极简极懒选基核心思路

小测试

如果你定投的是一个主动型量化基金，在发生了以下情况后，你的心情会如何，会继续持有吗?

◎ 最近一段时间，突然连续负收益

◎ 对比其他量化基金表现不好

◎ 基金公司发出公告，基金经理换人

◎ 相比去年，基金规模大幅增长

第九章

一说就懂的指数基金

收益也并不是选择基金的核心要素。变量因素尽量少，确定性尽量高，能够让自己更安心地持有才是王道。

指数基金，它最大的好处是不会“变质”，它的规则和策略是固定。

指数基金基础概念

小逗：大师，是时候全面了解一下被动型的指数基金。

大师：小逗，关于指数基金的知识，真的是说来话长，你是想花三天三夜听非常完整的介绍，还是花 30 分钟走一个简单粗暴的路线？

小逗：哈哈，那我肯定选后者。

大师：好，简单粗暴的版本会由以下四个部分组成：

◎指数基金基础概念

◎常见指数简单分类

◎适合“理财小白”指数推荐

◎常见指数基金分类

首先是基础概念的部分：

① 指数，就是一定数量股票的集合，每一个股票对应一个公司。

② 指数基金，就是基金经理跟着某指数，购买一部分或全部该指数所包含的股票，尽可能复制这个指数。

③ 复制指数，就是指数涨多少，对应的指数基金也希望能跟着涨多少。

④ 从指数长期来看，会随着经济发展不断往上。

⑤ 相信国家经济会不断发展，就一定会有等到牛市到来的一天，届时各类指数基金都会上涨。

⑥ 投资指数基金，可以跟着指数被动获取市场上涨带来的收益 β 。

小逗：大师，虽然你一下说了好多，但我发现自己竟然都能看懂，给大师你的化繁为简点赞！之前一直觉得自己应该追求超额收益，现在看起来被动地跟着指数上涨享受 β 收益也挺好的，简单粗暴等牛市，这样确定性应该比主动型基金要大得多。

大师：哈哈，我已经很了解你了小逗，信不信到最后你又会说，“我还是想追求超额收益”。

小逗：大师，让我们接着了解指数的分类吧。

常见指数简单分类

大师：指数可以简单粗暴的分为两种类型：宽基指数和窄基指数。

◎宽基指数，就是指组成这个指数的股票，覆盖范围广，不局限某一行业，包含了各行各业。之前我们有提到过的沪深 300、中证 500、中证 800、中证 1000 等都属于这类指数

◎窄基指数，就是可供选择的股票范围窄，成分股之间同属于某一主题、某一行业等。比如其中之一的医药指数，就都是由做医药的公司的股票来组成的

小逗：理解，那我应该去了解窄基指数还是宽基指数呢？

大师：窄基指数又被称为行业指数，对投资人的要求会很高，需要投资人根据不同行业自身的特点和当前所处的发展阶段来进行选择，并预测其波动性和成长性。风险高，难度大。

因此，对“定投小白”来说，推荐首先了解相对比较简单的宽基指数。

小逗：那么多宽基指数我需要都去了解吗？

常见“宽基指数”解析

大师：小逗，在宽基指数里，我会推荐你重点了解“沪深 300”“中证 500”“创业板”这三个最知名的指数。

小逗：的确，平时最常见到的就是这三个指数，之前大师你也一直拿它们出来举例的。

大师：了解这三只指数，我们主要可以通过以下两个维度：规模和风格。先说“规模”，小逗，你有没有发现一般指数后面都有一个数字？

小逗：发现了，这个数字有什么特别的意义吗？

大师：数字通常代表了这个指数是由几个股票组成的，同时还代表了股票规模的大小。

◎沪深 300 指数：由上海和深圳市场中，规模最大的前 300 只股票组成，是国内影响力最大、最重要的指数基金

◎中证 500 指数：由规模上排在 301～800 家的 500 只股票组成

◎创业板指数：由一些创业型公司的股票组成，规模及目前盈利状况都暂时达不到主板上市的要求，指数样本数量为 100 只

接下来说“风格”，不同指数由不同规模的股票组成，因此各个指数也会有不同的市场风格：

◎沪深 300 指数：主要由大型企业组成，对应的是大盘价值风格

◎中证 500 指数：主要由中、小型企业组成，对应的是中、小盘成长风格

◎创业板指数：主要由高新技术类企业组成，对应的是小盘成长风格

小逗：这下终于对这几个指数有点概念了，之前只看得懂名字但不知道具体有啥区别。我觉得里面最重要的是指数风格：

◎看好大盘价值风格的股票，就重点关注沪深 300 指数，选复制这个指数的指数基金

◎看好中小盘成长风格的股票，就重点关注中证 500 指数，选复制这个指数的指数基金

◎看好小盘成长风格的股票，就重点关注创业板指数，选复制这个指数的指数基金

接下来问题是，这三个指数我需要都关注吗？

指数选择的波动性

大师：在选择具体的指数之前，让我们先来了解一个重要的概念——波动性。所谓波动性，就是看一个指数上涨和下跌的幅度有多大。

小逗：这个我能理解，波动性和我具体选择哪个指数有什么关系呢？

大师：举个例子你就知道了。如图 42，现在有指数 1 和指数 2 两种指数，假设我们每月定投 1000 元，在同一时期内，可以看到指数 1 的波动大于指数 2。

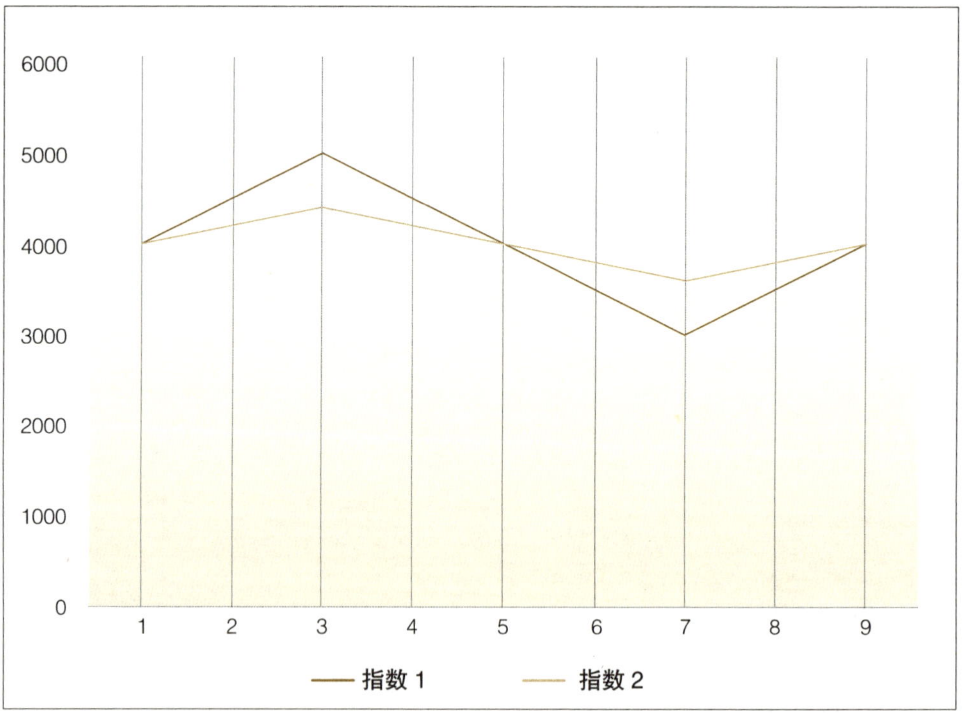

图 42　指数的波动性

时间	指数1	定投金额	购得份数	定投总额	累计份额	累计收益率
1	4000	1000	1000	1000	1000	0.00%
2	4500	1000	888.8889	2000	1888.89	6.25%
3	5000	1000	800	3000	2688.89	12.04%
4	4500	1000	888.8889	4000	3577.78	0.62%
5	4000	1000	1000	5000	4577.78	–8.44%
6	3500	1000	1142.857	6000	5720.63	–16.57%
7	3000	1000	1333.333	7000	7053.97	–24.42%
8	3500	1000	1142.857	8000	8196.83	–10.35%
9	4000	1000	1000	9000	9196.83	2.19%

表 26 指数 1 的收益

时间	指数2	定投金额	购得份数	定投总额	累计份额	累计收益率
1	4000	1000	1000	1000	1000	0.00%
2	4200	1000	952.381	2000	1952.38	2.50%
3	4400	1000	909.0909	3000	2861.47	4.92%
4	4200	1000	952.381	4000	3813.85	0.11%
5	4000	1000	1000	5000	4813.85	–3.72%
6	3800	1000	1052.632	6000	5866.48	–7.11%
7	3600	1000	1111.111	7000	6977.60	–10.29%
8	3800	1000	1052.632	8000	8030.23	–4.64%
9	4000	1000	1000	9000	9030.23	0.34%

表 27 指数 2 的收益

在投入相同金额的情况下——

◎高波动性的指数 1：收益率为 2.19%

◎低波动性的指数 2：收益率 0.34%

因此我们可以知晓：定投波动大的指数带来的收益会高于波动小的指数。原因是波动性大的指数上蹿下跳，有更多机会在价格低的时候买入更多份额，更好地降低了平均成本，使得最终收益率更高。而波动小的指数，价格本身变化就不大，定投的效果就打了折扣，定投的优势也得不到很大的体现。

小逗：这个和“微笑曲线”的理念其实是相同的，现在我懂了大师，也就是说我们可以选波动性高的指数来定投，波动越大越能体现定投的优势。不知道沪深 300、中证 500、创业板这三个指数哪个波动性更高呢？

大师：很简单，让我们到“时光修炼所”穿越到过去看一下。

选择适合自己的指数

大师：首先，让我们来看下从 2010—2015 年三个指数的各自情况：

指数基金	波动率	定投累积收益率	平均收益率（年化）
创业板	31%	185%	23%
中证 500	25%	120%	17%
沪深 300	23%	63%	10%

（参考来源：Wind，统计期 2010.6.1-2015.6.30）

表 28　指数基金 2010—2015 年收益对比

小逗：创业板指的波动性在三个指数里是最高的，相对应的收益率也是最高的，果然高波动对应高收益呀！

大师：单看波动率是不是觉得很厉害，是不是觉得创业板是真爱了？

小逗：大师，我有一种不祥的预感，我觉得你在引我入坑！

大师：哈哈，小逗你有没有想过，自己在定投过程中可能会遇到多少浮亏，你能接受最大的浮亏又是多少呢？

小逗：说起来这个我还真没具体想过，当初玩“一把梭”的时候，我看到浮亏 10% 就会立马止损了。定投的话，虽然我能理解“微笑曲线”，但我估计自己看到浮亏 15% 就会很难受了，浮亏 20% 应该就是我的极限了吧。

大师：好，请记住你的底线，让我们接着比较三个指数的波动性，这次会有详细的收益率。

指数名称	2013	2014	2015	2016	2017	总增长率
沪深300	-7.65%	51.66%	5.58%	-11.28%	21.78%	159.77%
中证500	16.89%	39.01%	43.12%	-17.78%	-0.2%	190.82%
创业板指	82.73%	12.83%	84.41%	-27.71%	-10.67%	245.52%

表 29　指数基金 2013—2017 年收益对比

小逗：从收益率以及波动性来看依然是创业板指最高，但有了详细的收益率对比之后，我发现高波动高收益伴随着的很可能是高浮亏。如果是 2013 年开始定投创业板指，那心情一定很美丽，但如果是 2016 年开始定投创业板指的话，那这个心情真是够酸爽的……大师，我现在知道你问我能接受多少浮亏这个问题的用意了。

从波动性高，收益高的角度来说，创业板指无疑是最适合定投的，但具体还要看每个人对于波动的承受度。好比我对于浮亏的接受度是 -20%，那创业板指高波动性带来的浮亏，很可能会超过我的风险承受力，导致心态变差而无法坚持。

大师：是的，虽然从技术的角度上看，波动性高的指数带来的定投收益会更高，但更重要的是能否在熊市曲折的过程中坚持下去，这才是定投成败的关键。如果是像你这样第一次定投的“理财小白”，面对高波动，面对创业板百分之几十的浮亏（回撤），还真不一定能坚持到牛市。

小逗：哈哈，大师果然懂我。综合来看的话，我觉得中证 500 指数会更适合，波动性居中对“理财小白”比较友好，收益率不错也符合我的预期。

接下去的问题是：如果选择了一个指数，那怎么来选对应的指数基金？

常见指数基金分类

大师：介绍完指数的概念后，我们接下来来说指数基金。围绕同一个指数，不同的基金公司可以开发 N 个指数基金，下面是一个简单的分类：

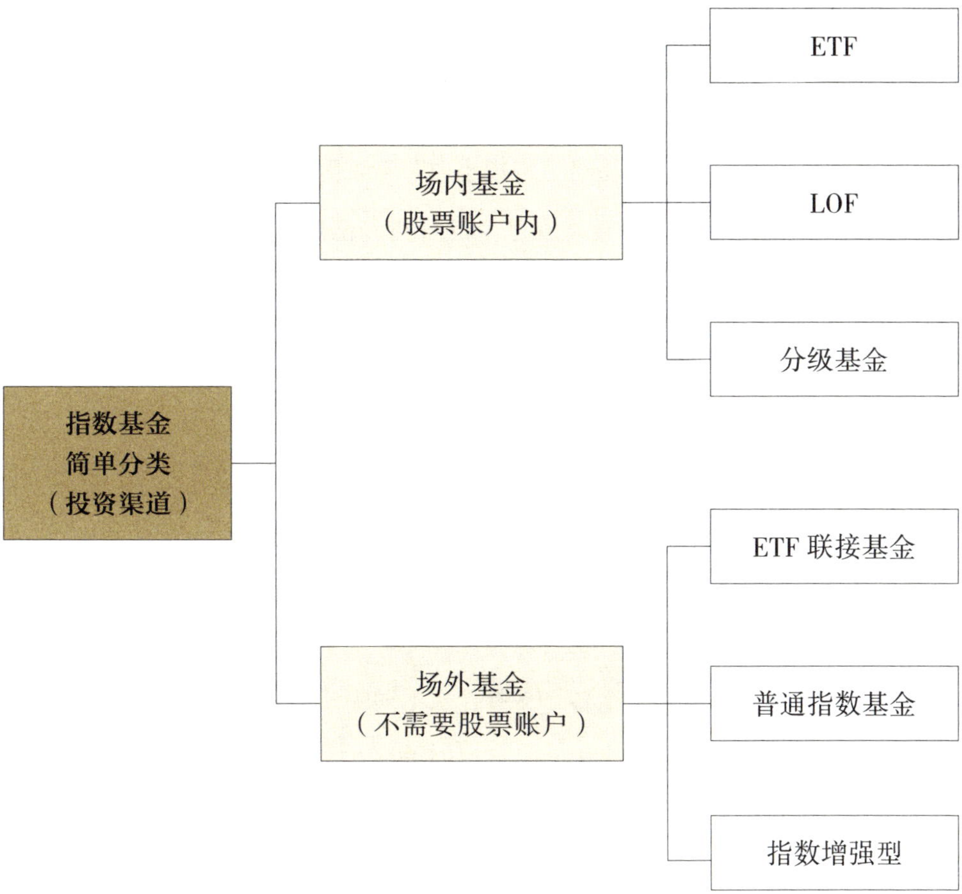

图 43 指数基金简单分类

小逗：大师，怎么一下子出现那么多分类和奇怪的名词，说好的简单粗暴呢？

大师：哈哈，其实很简单，对于像你这样的“理财小白”来说，只需要关注不需要用股票账户来进行操作的基金。

小逗：为什么？

大师：原因是一旦用股票账户进行操作，就不是我们一直说的“机械定投”“傻瓜定投”，而是需要你自己到股票账户去下单，进行手动定投。

在场内手动定投，容易给“定投小白”带来困扰：

◎离市场太近，会一直看到基金的价格和已定投份额的盈亏，增添烦恼

◎占用很多时间，会需要你一直关注大盘，每次都要计算定投多少份额

◎会产生“多余”的想法，比如可能会试图想去踩到每个月的最低点做定投，最后导致不是投多了就是投不下去了

小逗：大师我懂了，能自动扣费定投的场外基金的确会更合适我。这样定投更简单、更轻松，也可以帮助我更好地坚持下去。

那么，场外的三种基金各自又有什么不同呢？

大师：场外的三种基金中，你可以简单把“ETF 联接”和“普通指数”看作同一类指数基金，都是严格跟踪对应的指数，追求 β 收益。

我们用中证 500 这个指数来举例，复制这个指数的指数基金可以分为：

◎场内 ETF：华夏中证 500ETF

◎场外 ETF 联接基金：华夏中证 500ETF 联接

◎场外普通指数基金：天弘中证 500 指数

其中“华夏中证 500ETF 联接”可以理解为场内“华夏中证 500ETF”的场外版本，也就是把场内需要在股票账户里手动购买的 ETF 弄到场外，让我们在一些第三方基金平台就可以购买得到，方便机械定投。

小逗：虽然 ETF 这个名字的意思我不理解，但指数基金的基本关系我算是搞懂了。如果我看好一个指数，比如中证 500，想跟着它被动获得指数上涨的 β 收益，就可以选择场外的基金机械定投。具体基金的话，既可以选 ETF 联接基金也可以选择普通指数基金。

大师：Bingo（答对了）！

小逗：感谢大师简单粗暴的讲解，让我这个“小白”对于指数基金有了更进一步的了解。

接下来，我也试着搞一个简单粗暴的小结汇报：

1. 指数主要有两个大类“宽基指数”和“窄基指数”。适合我们“小白”的是“宽基指数”。

2. 宽基指数有很多，如上证 50、沪深 300、中证 100 等。适合我们“小白”重点关注的有三个指数：“沪深 300”“中证 500”和“创业板”。

3. 选择长期定投的指数，可以重点参考波动性，波动越高，收益越高。考虑到我们“小白”对于风险的理解和承受力较差，可以重点考虑波动性和收益性适中的“中证 500”。

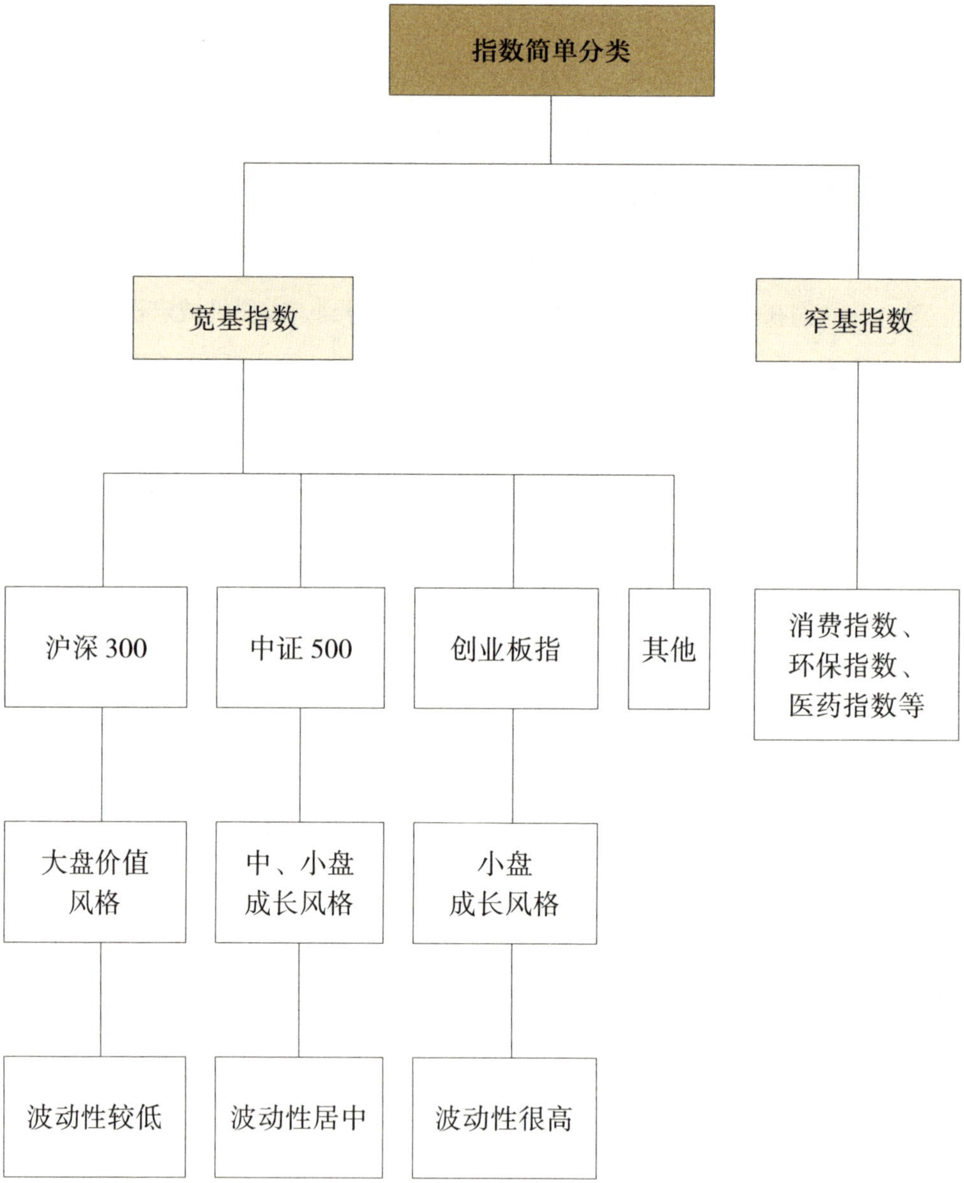
指数简单分类
宽基指数
窄基指数
沪深 300
中证 500
创业板指
其他
消费指数、
环保指数、
医药指数等
大盘价值
风格
中、小盘
成长风格
小盘
成长风格
波动性较低
波动性居中
波动性很高

图 44 指数简单分类

4. 一个指数会有很多基金公司开发不少基金来跟踪，主要分为场内和场外两大类基金。大师建议我们主要选择场外基金，也就是可以直接在第三方基金平台“机械定投”的指数基金。

5. 场外基金主要分为两类："被动跟踪型”和“指数增强型”。被动跟踪型（ETF 联接和普通指数基金）主要就是跟踪对应的指数，以此来获取 β 收益；指数增强型的指数基金目前还不了解。

定投问答

“我觉得定投中证 500 是一个不错的选择，也看到很多大 V 有推荐这个指数。同时，我也很认可奥斯卡你说的，定投最重要的是能够拿得住，能坚持。问题就是，A 股市场存在风格轮动，比如在 2016 年下半年和整个 2017 年，中证 500 指数都表现得不太好，看着表现更好的大盘指数，我担心自己会拿不住怎么办？”

奥斯卡：这是一个很实在的问题，能够直面自己的担心，其实远比盲目乐观来得好。的确，A 股市场自 2012 年后存在明显的市场风格轮动，即大盘蓝筹股与中小盘成长股在不同的时期会轮番受到资金的追捧，在特定的时间段内存在不同的涨跌幅。

我们无法预知到底何时大盘价值型指数（沪深 300）上涨，何时中、小盘成长型指数（中证 500）上涨。

定投成功与否跟心态有莫大的关系，如果只是定投一个指数的话，很可能会遇到一直在跌，连续跌几年，然后还要眼巴巴看着另一个指数在涨，让我们的心态变得很差而拿不住。

因此，我会建议初次尝试定投的小伙伴，同时定投这两种风格的基金，也就是兼顾“大盘价值”和“中、小盘成长”，这样可以从心理上解决这个问题，更容易让我们拿得住。

以指数基金为例，同时定投“中证 500 ＋ 沪深 300”：

◎当市场风格轮动到“中、小盘成长”，比如 2015 年，沪深 300 表现不佳，但中证 500 表现不错

◎当市场风格轮动到“大盘价值”，比如 2017 年，中证 500 表现不佳，但沪深 300 表现不错

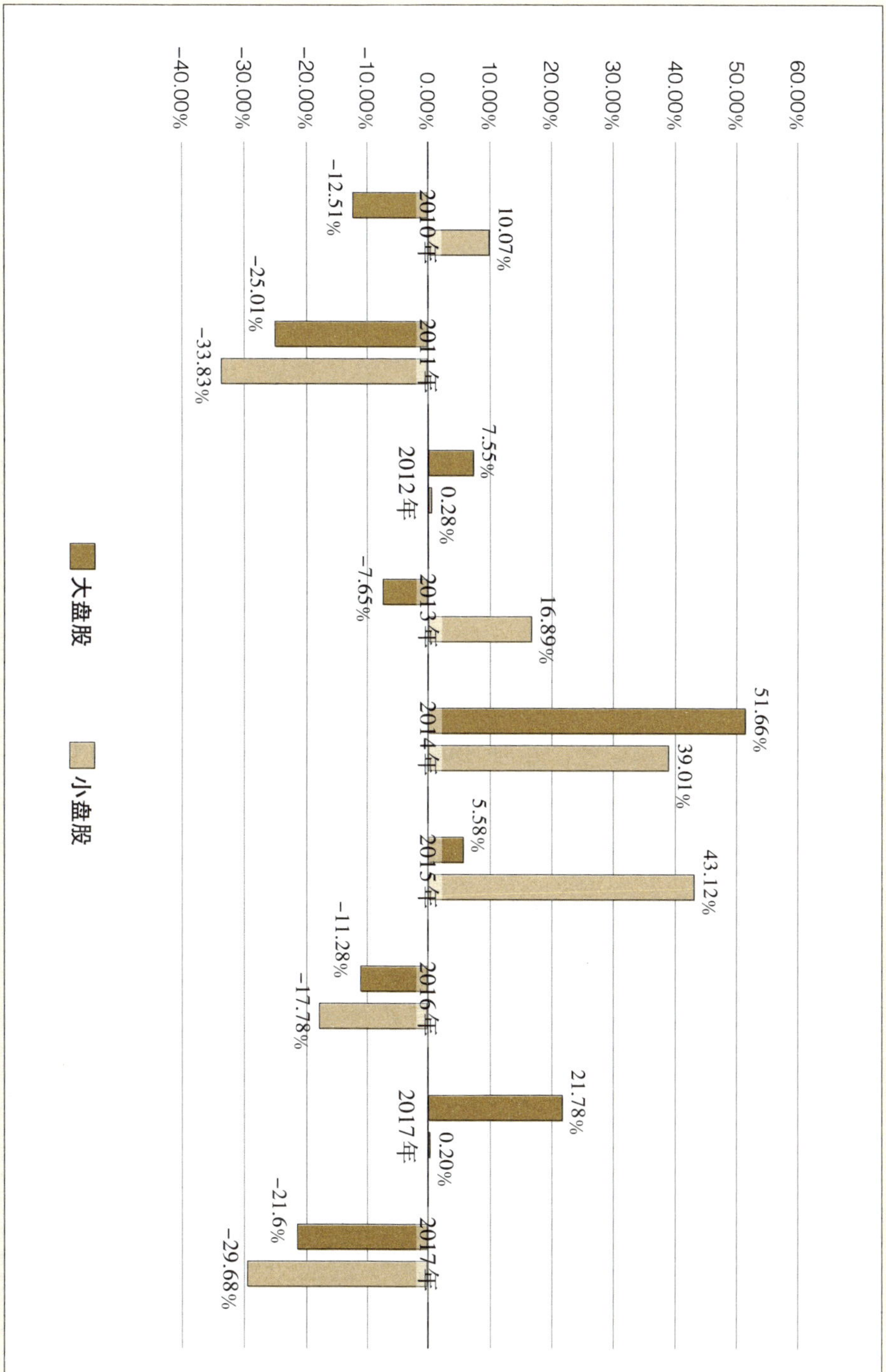

图45 A股大小盘结构化行情（2010、2013、2015、2017这几个年份，有明显的大小盘分化结构性行情）

你可以想象一下，当自己手里有一个基金表现不佳的时候，看到另一个表现不错，是不是会比较容易坚持？

当选择太多，信息纷扰的时候，就做减法。化繁为简，自己能理解，能拿得住最重要。

（PS：以上仅针对“定投小白”，如果是定投老手，只定投中证500、创业板指或者选择其他指数，追求高波动换取高收益完全没问题，请随意。）

这种情况就好比每年都有一个基金账面上在浮亏，暗地里其实是帮你在积攒份额，而另一只基金账面上在赚钱，通过正收益来帮助你以一个不错的心态定投下去。

一个亏钱（积攒份额），一个赚钱（让你坚持），轮流到牛市完成定投大业，想想都激动吧。

另外，在指数基金中，“价值”＋“成长”的组合有很多，比如“上证50＋创业板”“上证红利＋低波动500”等，甚至做波动和收益的数据回测会发现，效果还比定投“中证500＋沪深300”更好。

那为什么还建议定投“中证500＋沪深300”呢？因为这个组合足够经典，是被很多大V都认可的。

试想，当你定投拿不住，感到困惑的时候，应该会去找其他定投基金的答案吧？发现大多数人都认同、都推荐，是不是心态会比较好，是不是会更容易坚持下去？

有了解过“指数基金估值定投法”吗？低估值时定投，正常估值时持有，高估值时卖出，可以参考这种来定投吗？为什么没有推荐这种定投指数基金的方式？

奥斯卡：当然可以参考这种方式来定投，我自己关注了很多讲基金定投的大V，有一半以上都是推荐这样来操作的。那为什么我自己没有这样做，也没有在文章里推荐给“新人小白”呢？

定投小知识

1. 估值偏低，有投资价值；估值适中，可观望；估值偏高，请谨慎投资。

2. PE指市盈率（静态值），PB指市净率（静态值）。一般认为，两者的数值越低，估值越低。

3. ROE指净资产收益率，是用来衡量盈利能力的重要指标。

4. 百分位代表当前PE / PB在选定历史区间所处的水平。如PE百分位为10%，表示当前市盈率比历史上90%的时候都要低；PB百分位同理。

注：①PE/PB百分位点的计算，上证综指和沪深300指数基于 2000年以来的数据计算；标普500指数和纳斯达克100指数基于2011年4月1日以来的数据计算，其他指数均采用历史全部数据计算。②当指数成分股净利润总和很小或为负时，计算出的PE值会非常大或为负，参考意义不大，此情况下将PE值修正为150。

注：估值划分标准

1. PE（市盈率）估值水平的划分

低估水平：PE 百分位 <30%，且 PE 绝对值较低；

适中水平：PE 百分位 ≤70%，且 PE 绝对值较高；

适中水平：PE 百分位 ≥30%，且 PE 绝对值较低；

高估水平：PE 百分位 >70 %，且 PE 绝对值较高。

2. PB（市净率）估值水平的划分

低估水平：PB 百分位 <30%；

适中水平：30 %<PE 百分位 ≤70%；

高估水平：PB 百分位 >70%。

3. 某指数估值水平的划分

以 PE（市盈率）划分结就是为准。

其实原因有点尴尬，并不是这种方式奥斯卡不认可，而是作为一个曾经的“定投小白”，我也有诸多不足和不擅长的：

第一，我对于估值这块的知识，怎么也看不进去，估值、低估、高估、市盈率、概率估值分位、绝对估值……

第二，我对于数字啊、计算公式啊实在很无力……

因此，上面的知识内容，对我来说就好比是天书了……好吧，是不是这些原因有点傻？但事实就是这样，我自己都没弄懂的，自然也没资格和大家来分享。

另外我还想到，可能对于大部分“定投小白”来说，也会和我一样会觉得这些名词难懂，觉得计算估值麻烦。

既然我是写给“定投小白”看，既然核心思想是“极简极懒”，是不是可以换个更适合“定投小白”学习的思路来呈现呢？

定投策略因人而异，适合自己永远是最重要的：

◎如果你看到上面这些名词不觉得晕，也愿意花时间学习弄清楚，那推荐去学习了解一下低估值指数基金定投

◎如果你现在觉得奥斯卡定投文章的内容都还比较难消化，那建议先跟着这个系列学习，学完了再选择是否要去了解

这里对正在进行指数基金低估值定投的小伙伴提醒一下。还请自问，你是真的能理解这个定投策略，还是纯粹在跟投？哪天大 V 不再更新，你是否可以完全凭借自己的思考，去完成定投的买入和卖出呢？觉得厉害然后一知半解的跟投，和自己能弄懂逻辑，自主做出决策的定投，完全是两回事。对于长期定投来说，不懂不投很重要，无脑跟投的结果，很可能就是拿不住，坚持不下去……这也是为什么即使指数基金低估值定投看上去更科学、更主流，但奥斯卡依然会选择自己更容易理解、更能坚持的极简极懒定投。

那么，怎么才知道自己到底适合哪种定投策略呢？

你需要心中有数	极简极懒定投	你关注的策略
什么时候可以开启定投		
是否“定时”“定额”		
定投需要多久？退出时间是否清晰？		
定投期间是否需要频繁操作、各种计算		
止盈策略是否清晰		
是否能够远离市场？是否需要持续关注？		
是否需要完全跟投？策略主人不在了，自己可以完成吗？		
学习成本高吗？对于“小白”来说是否简单理解和看懂？		

表 28 定投策略规划表

小伙伴们来做个选择题吧：

A：几乎不用花费时间研究，很轻松就能选到一只基金，定投这只基金的收益，能长期稳定在所有基金收益排名差不多1/3的位置；

B：需要花费很多时间研究，去追求最优秀的基金，希望它能一直排在所有基金收益排名的最前列。

你的选择会是哪个呢?

如果你的选择是A，恭喜你，真的不用花太多时间去研究，长期定投指数基金，比如中证500就可以了。

	主动基金平均收益	中证500收益	中证500排名
2007	121.43%	186.63%	4/160
2008	-49.44%	-60.80%	208/211
2009	65.47%	131.27%	1/263
2010	4.19%	10.07%	87/330
2011	-23.71%	-33.83%	368/390
2012	5.03%	0.28%	358/459
2013	15.82%	16.89%	207/518
2014	24.28%	39.01%	86/591
2015	45.36%	43.12%	382/738
2016	-9.79%	-17.78%	867/1224
2017Q3*	9.18%	5.42%	1102/1702
2007-2017Q3	177.37%	282.54%	23/160

表 29 主动型基金 VS. 中证 500 收益对比

*Q3：第三季

数据来源：Wind，截至2017/09/30，主动基金数据统计包含普通股票型、偏股混合型、平衡混合型及灵活配置型

小测试

从表29可以看到，中证500过去十年的收益相比主动型基金算是相当不错了，只有1/3的主动型基金能跑赢这个被动指数。这也是为什么你经常会听到，选择指数基金就可以轻松获取市场的平均收益。

如果你的答案是B，想要寻找那些主动型基金的佼佼者从而获取更高的超额收益，那不可避免就会面对更多的不确定性。

试想，当你花了九牛二虎之力选到了一个过往业绩优良的主动型基金，但是在之后持有过程中却发现：

◎ 最近业绩变差

◎ 规模变得超大

◎ 基金经理换人

◎ 排行榜不见踪迹，甚至排到很后面

◎ 查看基金风格，之前是小盘，现在转到大盘了

是不是发生以上任何一种，都可能让你心神不定，担心自己选的基金变天呢?

◎ 我选错基金了吗

◎ 这个基金只是过去运气好，现在或将来是不是会变差

◎ 基金经理会一直不变动吗

◎ 换基金经理了，我该怎么办

小测试

◎ 量化模型是不是失效了

◎ 规模太大是不是就不行了

你会想要到处去求问，自己这个基金还能不能继续定投，要不要换基金，是不是有更好的选择……

这就是选择主动型基金需要面对的最大问题——不确定性，容易因此产生自我怀疑而无法坚持定投。

第十章

一举两得的指数增强基金

业绩比较基准的选择（如大盘指数还是中小盘指数）非常重要，这是评价基金表现的重要标准。业绩评价基准选不对会极大地影响我们定投下去的信心，以及是否需要更换基金的判断。

超额收益 VS. 确定性，选哪个

大师：小逗，在讲指数增强基金之前，先请你简单回顾一下指数基金的基本概念吧。

小逗：好的，大师，主要是以下四点：

◎指数基金，就是基金经理按照一个指数的构成来配置股票，尽量复制指数

◎指数上涨，对应的指数基金就获取相对应的收益，即市场趋势收益贝塔（β）

◎看好哪个指数，就买哪个指数相对应的指数基金

◎指数基金的收益相比带有主动策略的基金可能会低一些，但是确定性高很多

大师：给小逗你点赞，对指数基金的核心内容理解得很不错。

小逗：一方面是大师你教得好，另外一方面也是自己一路学习过来有挺多感触。一开始我想的是在A股因为有大量散户的存在，机构获得超额收益α有很好的环境，因此想追求主动型基金。

后来发现不论是基金经理换人、规模变大、风格偏移等，都可能让一只之前不错的主动基金慢慢变差，从而影响到我长期定投下去的决心。

毕竟听大师说了那么多，我自己也已经理解了：对于长期定投来说，确定性比高收益更重要，能够拿得住等到牛市止盈退出才是王道。只是可惜了，高确定性和高收益无法兼得。

大师：假如有一种基金，在跟踪指数的基础上，不仅能获取指数的趋势收益（β），还能额外获得超额收益（α）的话，你觉得怎么样？

小逗：竟然还有这样可以一举两得的基金吗？

大师：接下来，就让我们详细了解一下指数增强型基金。

指数基金收益增强的秘密

小逗：大师，我想先了解一下，指数增强型基金中的“增强”指的是什么？

大师：我们找到指数增强型基金的说明，看一下它的投资策略你就知道了。其中，最关键的是下面这段话：

本基金作为增强型的指数基金，一方面采用指数化被动投资以追求有效跟踪标的指数，另一方面采用量化模型调整投资组合力求超越标的指数表现。

小逗：大师，这段话的意思是不是代表了可以把指数增强型基金看作是指数基金＋量化基金的结合？我看它既有被动型指数基金的特征，也有主动型量化基金的特征，是这样吗？

大师：是的，你可以这样理解。

小逗：厉害了，那在加入了量化模型后，指数增强型基金相比普通的指数基金，有了哪些不同呢？

大师：让我们以沪深 300 指数为例来对比一下你就知道了。主要有以下三点不同：

	普通指数基金	指数增强型基金
基金构成	90% 以上来自沪深 300 指数的成分股	80% 来自沪深 300 指数成分股，15% 其他指数的成分股（比如中证 500）
基金持仓权重	完全复制沪深 300 指数	根据量化模型打分，分数低的去掉，分数高的多配置一些
收益来源	跟踪指数，获得趋势收益（β）	市场趋势收益（β）＋超额收益（α）

表 30　普通指数基金 VS. 指数增强型基金

第一，对基金的构成进行了优化。

◎普通指数基金：90% 以上的股票必须来自沪深 300 指数的成分股

◎指数增强型基金：沪深 300 指数的成分股是 80%，15% 可以来自沪深 300 指数以外（比如中证 500），另外 5% 是现金

第二，对基金成分股的权重进行优化调整。

◎通过量化模型，对沪深 300 指数成分股进行打分

◎分数低的（同行业高估或不良标的），直接从基金成分股中剔除

◎分数高的（基本面好或其他因子优良的），配置比例加重

第三，对基金获取收益的来源进行优化。

之前指数基金仅获取 β 收益，现在是 β ＋ α！

◎ β 收益——跟踪指数，获取指数上涨的趋势收益

◎ α 收益——通过“量化模型”对基金成分股进行调整，获取超越指数本身的收益

小逗：我明白了，普通指数基金是全部被动复制指数，而指数增强型基金是大部分被动复制，小部分主动优化。

大师：是的，举例，沪深 300 指数代表的是规模最大的 300 只股票，但规模大不代表公司本身的表现好；如果是完全复制的指数基金，其中必然有表现好的，也有拖后腿的。

而沪深 300 增强型基金通过量化模型来了个微调，把沪深 300 指数里表现不好的去掉，表现好的多配置一些，甚至还引入了其他指数中的优秀公司股票，比如中证 500 指数中的成分股。反过来，中证 500 指数增强基金，也会加入部分沪深 300 指数中表现好的成分股。

整体上它还是一个指数基金，只是在被动跟踪指数的基础上，用量化模型对持仓优中选优，以此来实现对指数有效的跟踪与超越。

小逗：哇！真的没想到竟然还能有这种操作，好激动啊！

大师：哈哈，接下来要说的会让小逗你更激动。

由于指数增强基金的特殊构成，使它同时融合了被动型指数基金以及主动型基金各自的优点：

第一，和主动型（量化 / 股票）基金相比，指数增强型基金有更高的确定性

◎不用担心基金风格突变：以沪深 300 指数增强基金为例，合同中规定了 80% 的持仓是来自于沪深 300 指数的，有规则和框架约束，不会突然从持有大盘股变更为小盘股

◎不用担心基金经理变更：因为本身是指数基金为主，主动优化为辅，且是通过量化模型来做优化调整，并不依赖基金经理的表现，不用担心基金经理换人后基金面目全非

第二，和普通指数型基金相比，指数增强型基金有更高的收益期待

◎在被动型指数基金基础上加入了量化模型的概念，用来获取超额收益

◎现阶段，在 A 股这个散户为主体的市场，超额收益相对容易被获得

小逗：太棒了，这样一个将被动投资理论与 A 股现实结合，同时又有严格条件和严格比例约束的“主动＋被动型合体基金”，简直满足了我对高确定性和超额收益的全部要求！

大师，我迫不及待地想知道，指数增强基金的策略是否有效，真的能增强收益吗？

指数增强基金 PK 普通指数基金

大师：首先让我们来看一下市面上大致都有哪些指数增强基金：

业绩基准指数	指数
沪深 300 指数	25
中证 500 指数	12
中证 100 指数	3
深证 100 指数	3
上证 50 指数	2
中证 1000 指数	2
创业板指数	1

表 31 指数增强基金一览

通过表 31 可以了解到，基本上常见的“宽基指数”都有其对应的指数增强基金。小逗，你会比较关心哪些指数增强基金啊？

小逗：报告大师，当然是沪深 300 指数和中证 500 指数。作为最知名的“价值”＋“成长”组合，果然对应的指数增强基金也是最多的。

大师：哈哈，那接下来我们就以沪深 300 指数为例，看一看指数增强基金相对于自己的基准指数到底有多少“增强”：

	沪深300增强基金	沪深300指数	超额收益率
2008	-36.12%	-65.95%	29.83%
2009	51.70%	96.71%	-45.01%
2010	-7.15%	-12.51%	5.36%
2011	-7.15%	-25.01%	5.72%
2012	9.03%	7.55%	1.48%
2013	-5.14%	-7.65%	2.51%
2014	53.25%	51.66%	1.59%
2015	13.00%	5.58%	7.42%
2016	-4.18%	-11.28%	7.10%
2017	25.57%	21.78%	3.79%

表 32 指数增强基金增强表现（2008—2017）

小逗：大师，指数增强基金真香，在过去十年中有九年，沪深 300 增强基金的收益率都高于沪深 300 指数收益！

大师：再来看具体的对比数据，“沪深 300 指数增强基金”PK“普通沪深 300 指数基金”：

业绩评级比较	资产配置比较						
阶段收益	110030 易方达沪深300量化增强	100038 富国量化沪深300指数增强	163407 兴全沪深300指数（LOF）A	000172 华泰柏瑞量化增强混合A	000311 景顺长城沪深300指数增强	310318 申万菱信沪深300指数增强	510300 华泰柏瑞沪深300ETF
成立日期	2012-07-05	2009-12-16	2010-11-02	2013-08-02	2013-10-29	2004-11-29	2012-05-04
2017年来	19.48%	16.94%	19.25%	18.78%	22.19%	17.11%	14.05%
近1周	0.09%	-0.24%	-0.52%	0.00%	0.13%	-0.37%	-0.14%
近1月	5.94%	4.40%	3.56%	4.87%	4.12%	4.57%	2.92%
近3月	13.89%	12.04%	12.88%	12.19%	10.93%	9.75%	9.83%
近6月	15.97%	13.94%	15.94%	15.39%	17.82%	12.57%	11.48%
近1年	25.81%	21.76%	27.32%	25.06%	30.54%	24.69%	17.31%
近2年	19.14%	12.72%	21.81%	22.39%	26.40%	12.94%	1.26%
近3年	97.57%	99.05%	98.21%	118.80%	115.34%	117.46%	66.61%
近5年	120.88%	104.62%	112.03%	-	-	128.42%	71.33%

表33　沪深300指数增强基金对比

（表中左边六个都是沪深300指数增强基金，最右侧圈出的是跟踪沪深300的普通指数基金。数据记录时间为2017年）

显然，绝大部分沪深 300 指数增强基金战胜了基准指数，在获取指数的 β 收益的同时，也获得了 α 收益。

小逗：给沪深 300 指数增强基金鼓掌！

大师：接着来看中证 500 指数，中证 500 指数增强基金与中证 500ETF 的收益对比：

业绩评级比较	资产配置比较				
阶段收益	510500 南方中证 500ETF	162216 泰达宏利 500 指数分级	161017 富国中证 500 指数（LOF）	000478 建信中证 500 指数增强 A	001244 华泰柏瑞量化智慧混合 A
成立日期	2013-02-06	2011-12-01	2011-10-12	2014-01-27	2015-06-03
2017 年来	-0.11%	7.10%	4.26%	2.68%	17.42%
近 1 周	1.50%	2.05%	1.28%	1.70%	1.20%
近 1 月	2.31%	4.20 %	4.01%	3.71%	4.70%
近 3 月	0.66%	3.86%	1.57%	1.71%	10.40%
近 6 月	0.52%	6.94%	3.85%	2.83%	15.73%
近 1 年	0.34%	5.52%	9.12%	8.99%	22.56%
近 2 年	-15.14%	7.71%	2.80%	16.29%	30.49%
近 3 年	56.71%	92.54%	80.88%	117.73%	-
近 5 年	-	135.85%	138.14%	-	-

表 34 中证 500 指数增强基金对比

（表中右边四个都是中证 500 指数增强基金，表 34 左侧圈出的是跟踪中证 500 的普通指数基金。数据记录时间为 2017 年）

小逗：Yes！也给中证500指数增强基金鼓掌！对了，大师！我发现不论是指数还是相对应的指数增强基金，在绝大部分时间里都是同涨同跌的。但有趣的是，上面案例中的指数增强基金几乎每个阶段都做到了跑赢指数，超额收益可以说是相当稳定了，并不会上蹿下跳。

大师：没错，你看得真够仔细的，虽然每次跑赢指数的超额收益都不多，单看一年两年没啥感觉，但长时间累积下来就很厉害了。

小逗：报告大师，我真是完全爱上指数增强型基金了！那是不是所有的指数增强型基金都能跑赢一般的指数基金呢？

大师：只能说是大部分，但不能说全部，具体还要看跟踪的指数以及基金本身量化策略的有效性。

比如：

跟踪创业板的指数增强型基金，很多时候并没有跑赢普通指数基金；

部分跟踪沪深300以及中证500的指数增强型基金，也并没有跑赢普通指数基金。

小逗：那我要怎么来选呢？

定投选基最终要选择什么

小逗：大师，感谢你一路的指引，对于选择基金的相关要点，以及适合我这种“定投小白”选择的几类基金，我已经有了较为清晰的概念。

下面是我对几类适合定投基金进行的比较分析，请大师过目。

	主动型股票/混合基金	主动型量化基金	被动型指数基金	主动型＋被动型指数增强型基金
追求收益类型	跑赢市场趋势的超额收益（α）	跑赢市场趋势的超额收益（α）	市场趋势性收益（β）	市场趋势性收益（β）＋跑赢市场趋势的超额收益（α）
核心收益来源	基金经理	量化模型	跟随指数的涨跌（趋势的收益）	跟随指数的涨跌＋量化模型
不确定要素 1（基金经理离职）	影响巨大	影响小	没有影响	影响小
不确定要素 2（基金规模变大）	影响很大	有一定影响	没有影响	影响相对较小
不确定要素 3（基金风格偏移）	影响很大	影响较大	没有影响（本身不会偏移）	基本没有影响（有严格限制）
长期持有的确定性、安心度	很小	较大	很大	大

表 35 适合“定投小白”的几类基金

大师：这下轮到我给小逗你点赞了！总结能力很棒，把要点都给整理出来了，那具体你会怎么选呢？

小逗：主动型股票基金我肯定第一个就淘汰掉了，虽然有可能某一年收益是最高的，基金排行榜上很可能都是它们，但不确定性实在是太大了。

然后，剩下来的三种类型就让我很纠结了：

◎主动型量化基金

◎纯被动型指数基金

◎被动型和主动型结合的指数增强基金

从A股市场独有的环境出发，我想选带有主动策略的基金，毕竟散户多，获取超额收益是可以有的。但不论我是选择主动型量化基金，还是指数增强基金，都特别担心一种情况出现：一旦有很长一段时间收益不佳，跑不赢相对应的指数，甚至持续亏损，我会很不安心。

道理我都懂，比如可能是因为近期风格轮换，又或者再好的基金也会有表现不好的时候，等等；但还是容易多想，会产生自我质疑，质疑自己是不是选错了基金，越想越可能拿不住……

而如果选择纯被动的指数基金，就不会有这个问题；因为没有主动策略，也就没有那么多的期待，就不会想那么多，不会经常去做比较。不用担心基金规模会不会变得太大，量化模型会不会失效等，特别安心。

我要做的就是开启定投，然后等牛市来就好了，特别简单。然而，就是对超额收益的渴望，让我又下不了这个决心，好纠结！

大师：理解理解，作为一个首次尝试定投的"小白"，能自己独立思考不盲目跟随，真的已经很棒了。其实你自己已经分析得相当清楚，我也没什么要帮你补充的了，一份收益代表一份风险和不确定性，要做出选择本来就不容易。

定投问答

“奥斯卡，看了最近两篇文章后，我觉得定投中证500指数增强基金是不错的选择，然后正好也有大V推荐了富国中证500指数增强，但我打开基金业绩介绍页面，却发现这只基金的收益并不好，感觉和大家说的不一样啊。”

图46 案例时间为2018年9月

奥斯卡：这个问题很有代表性，其实这个还可以衍生出这几个同类的问题：

◎之前定投的基金，这一年表现得很差，都没有跑赢大盘（沪深300），要不要换

◎之前定投的基金，已经连续跌了1年、2年、3年，已经排在整个“基金池”四分位排名的后端，相比其他主动型基金并不好，要不要换

是不是经常会看到这类问题啊？下面，我们来试试看找答案。

首先，让我们来说说“泰达宏利沪深300指数增强型基金”，看到这个基金名字我们可以知道：

◎它是一个指数增强型基金

◎目标是同时获取市场趋势性收益（β）+跑赢市场趋势的超额收益（α）

◎它跟踪的指数（业绩比较标准）是沪深300指数（没错，并不是中证500指数！）

（大部分的主动型基金都是以“沪深300”或者“中证500”作为业绩比较基准的。）

基本概况 其他基金基本概况查询：请输入基金代码、名称或简拼

基金全称	泰达宏利沪深300指数增强型证券投资基金	基金简称	泰达宏利沪深300指数增强A
基金代码	162213（前端）	基金类型	股票指数
发行日期	2010年03月15日	成立日期/规模	2010年04月23日 / 11.652亿份
资产规模	2.50亿元（截止至：2020年06月30日）	份额规模	1.4053亿份（截止至：2020年06月30日）
基金管理人	泰达宏利基金	基金托管人	中国银行
基金经理人	刘洋	成立来分红	每份累计0.44元（2次）
管理费率	0.65%（每年）	托管费率	0.12%（每年）
销售服务费率	0.00%（每年）	最高认购费率	1.00%（前端）
最高申购费率	~~1.20%（前端）~~	最高赎回费率	1.50%（前端）
业绩比较基准	沪深300指数收益率×95%+同业存款利率×5%	跟踪标的	沪深300指数

基金管理费和托管费直接从基金产品中扣除，具体计算方法及费率结构请参见基金《招募说明书》

图 47–1

投资目标	本基金为股票型指数增强基金，在对沪深300指数进行有效跟踪的被动投资基础上，结合增强型的主动投资，力争控制本基金净值增长率与业绩比较基准之间的日均跟踪偏离度的绝对值不超过0.5%，年跟踪误差不超过7.75%，力争获取超越标的指数的投资收益和基金资产的长期增值。
基金比较基准	沪深300指数收益率 × 95% + 同业存款利率 × 5%
风险收益特征	本基金为股票指数增强型基金，其预期风险和预期收益高于混合型基金、债券型基金和货币市场基金。

图 47–2

接下来，小伙伴看到的这一年收益表现不好（-16.50%），没有跑赢大盘（-12.53%），究竟是什么原因呢？

我们的推导逻辑如下：

◎2018 年来 A 股指数跌了不少，从年初 3000 以上，跌到了 3000 以下

◎近一年 A 股市场风格是：大盘风格表现比中、小盘要好

◎这个基金跟踪的“中证 500 指数”，近一年表现不好

所以，如果要对这个基金的好坏作出判断，我们需要知道：

◎它对比的应该是中证 500 指数，而不是沪深 300 指数

◎沪深 300 指数比中证 500 指数近一年表现好，这个基金没跑赢沪深 300 很正常

◎整个基金池由不同风格的基金组成，中、小盘风格基金在这段时间业绩落在中后段可以理解

◎只要它的表现比中证 500 指数好，有超额收益，就符合这个基金的设定

最后，我们来看一下这个基金对比中证 500 的表现：

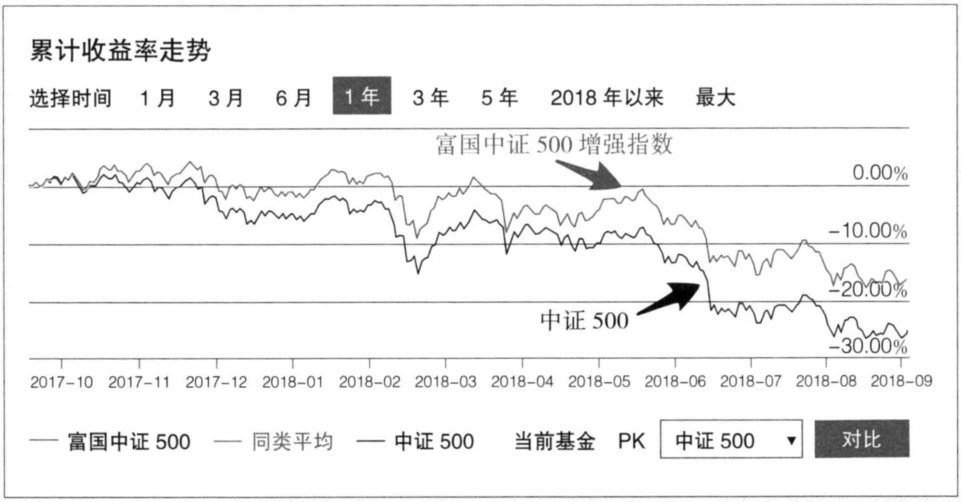

图 48 富国中证 500 VS. 中证 500

截至 2018 年 9 月，“中证 500 指数”近一年收益为 -24.82%，而“富国中证 500 指数增强”近一年收益为 -16.50%（同期沪深 300 收益为 -12.53%）。也就是说，这个基金跑赢了业绩比较标准，α 策略完全是有效的。

综上所述，如果不了解基金收益来源，不了解如何做对比，你会觉得这个基金第一眼看上去很烂；但如果了解了以上逻辑，你就会发现自己误会了这个基金，它的表现其实已经很不错了！

不知道小伙伴们现在对于基金的好坏，对于收益的对比，有没有新的理解呢？

在坚持定投的过程中，往往大家都会对各种基金排名、收益对比感到焦虑。哪天看到人家的基金比我这只涨得好太多啊，又各种纠结，要不要换。

其实不论选择了哪个基金，都会有这个收益对比的问题。理解自己定投的是什么，应该和什么对比，至关重要！

小测试

选基篇来到这里，图中的几种基金都已经介绍完了，不知道大家现在对于我用“收益获取方式”作为选基之路的核心元素，以及引入“超额收益 α”和“趋势收益 β”能否更理解一些了呢？

如果说第六章刚接触“α”和“β”会看不习惯、觉得别扭，现在会不会觉得亲切一些了？

现在，是时候和大家来分享一波“奥斯卡的换基自查建议”了。到底要不要把之前定投的基金换掉呢？让我们三步走！

第一步 搞清楚定投的基金类型和投资风格

请搞清楚自己的基金到底是：

◎主动型基金（股票、混合、量化）还是被动型基金（纯指数基金）

◎投资风格是“大盘蓝筹”还是“中、小盘成长”

◎业绩比较标准是“沪深 300”还是“中证 500”

◎是场内还是场外基金

你的答案是 __________，请填写。

第二步 自检一下基金浮亏的原因是什么

◎基金经理是否早就换人了

◎相比你定投时，基金规模是否翻倍了

◎当下市场风格轮动和基金本身风格是否不匹配

◎基金本身不错，只是近几年市场是否整体都在下跌

你的答案是 __________，请填写。

第三步　进行综合分析是否需要换基

首先，如果是市场风格的原因。比如现在是轮动到大盘风格发挥，而你定投的中、小盘风格的基金，不论主动还是被动，浮亏是完全可以理解和接受的。

当然，你也可以检查一下，自己的基金有没有跑赢自己跟踪的指数，方法可以参考上面互动疑问那样。如果跑赢，安心持有；反之，如果在同类型里表现较差，并且是跑输了指数，那就有了换基的理由了。

其次，如果是基金经理换人。看你定投的是哪一种基金，被动指数型基金或者量化基金的话，可以继续持有。

如果是主动型基金的话，那就又有换基的理由了。

最后，如果基金本身不错，只是因为市场整体下跌而浮亏。这样就完全不用换基了，安心持有就好，坚持坚持再坚持！

综上所述，请不要只是单纯因为账面上浮亏多而冲动换基，请务必对照上面步骤自查一遍再决定，理性思考，独立决策！

“奥斯卡……我还是没搞懂，怎么破？给个建议行不？”

可以，以毒攻毒，为自己的随便定投买个单，记住这次痛；然后把定投系列完整看一遍，重新选基并开启你的第 N + 1 次定投计划吧。

事实就是这样，只有在你自己懂的情况下，才能选得对，拿得住，走得远！

小测试

步骤	问题	答案示例	你的答案
第一步 真正认识 所持基金	基金类型？（股票、混合、量化、被动型指数等）	被动型 指数基金	
	投资风格？（大盘蓝筹、中小盘成长、其他）	中小盘 成长	
	投资渠道（场内或场外）	场外	
第二步 自检浮亏 原因	基金经理换人？	×	
	基金规模翻倍？	×	
	当下市场风格轮动和基金风格本身不匹配？	✓	
	基金本身不错，只是近几年市场整体在下跌？	✓	

<table>
<tr><th colspan="3">判定依据</th><th rowspan="2">股票/
混合</th><th rowspan="2">建议处置办法
量化指数增强</th><th rowspan="2">被动型
指数</th><th rowspan="2">你的答案</th></tr>
<tr><td rowspan="5">第三步</td><td rowspan="5">做出
抉择</td><td></td></tr>
<tr><td>基金经理换人</td><td>换基</td><td colspan="2">继续持有</td><td></td></tr>
<tr><td>基金规模增大很多？</td><td>换基</td><td>持续跑赢指数则继续持有</td><td>继续持有</td><td></td></tr>
<tr><td>当下市场风格轮动</td><td colspan="2">看是否跑赢自己跟踪的指数，持续跑赢则持续持有</td><td>继续持有</td><td></td></tr>
<tr><td>基金本身不错，只是近几年市场整体都在下跌？</td><td colspan="2">继续持有</td><td></td><td></td></tr>
</table>

表 36 基金定投自检表

小测试

大家一起来聊聊自己定投的都是什么基金，浮亏了多少，会不会继续坚持，会不会换基？

另外，关于小逗最终选基的困惑，有什么建议给他？

A. 量化基金

B. 指数基金

C. 指数增强基金

D. 其他

如果是你的话，会怎么选呢？

第十一章 基金组合该怎么选

主动型的量化基金、纯被动型的指数基金、被动型+主动型的指数增强基金，到底选哪个定投。

怎么优选出具体的基金。

我们的陆小逗跟着大师学习了指数增强型基金的相关知识。按照基金收益获取来源的选基路线，小逗对于图 49 中的三类基金都已经有了比较全面的了解。

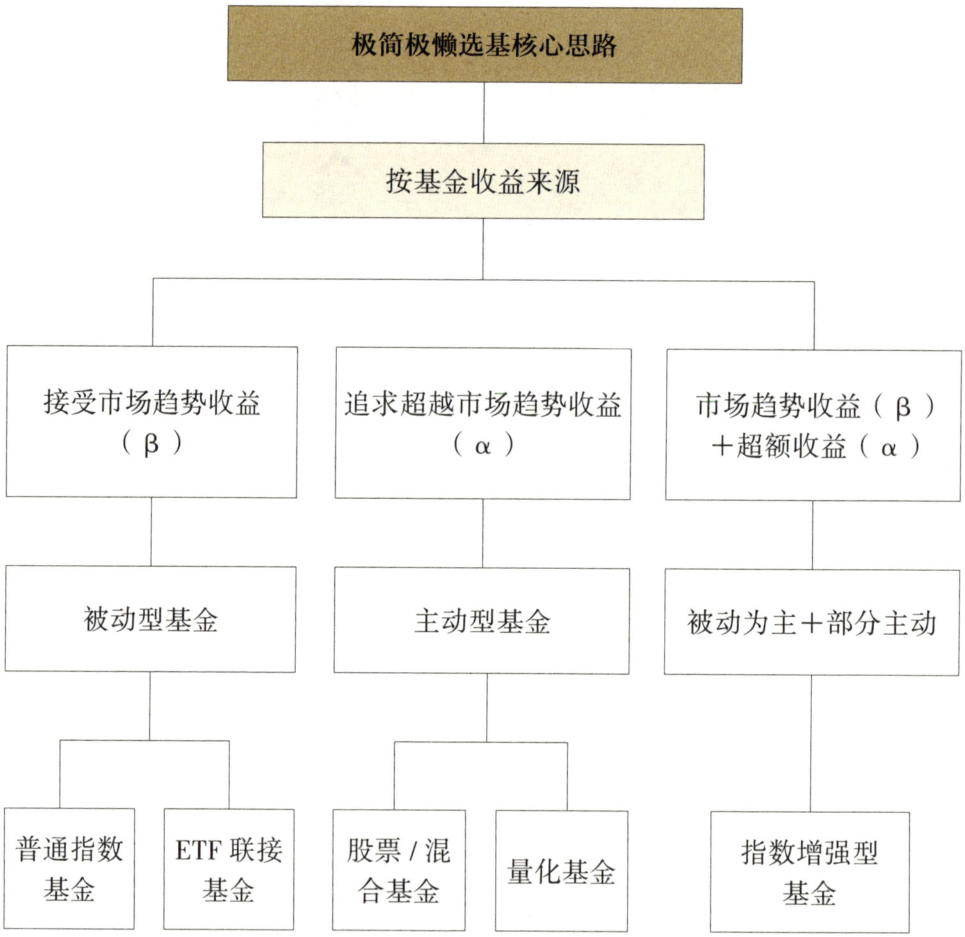

图 49　极简极懒选基核心思路

被动为主+部分主动	主动型股票/混合基金	主动型量化基金	被动型指数基金	主动型+被动型指数增强基金
追求收益类型	跑赢市场趋势的超额收益（α）	跑赢市场趋势的超额收益（α）	市场趋势性收益（β）	市场趋势性收益（β）+跑赢市场趋势的超额收益（α）
核心收益来源	基金经理	量化模型	跟随指数的涨跌（趋势收益）	跟随指数的涨跌+量化模型
不确定要素 1（基金经理离职）	影响巨大	影响小	没有影响	影响小
不确定要素 2（基金规模变大）	影响很大	有一定影响	没有影响	影响相对较小
不确定要素 3（基金风格偏移）	影响很大	影响较大	没有影响（本身不会偏移）	基本影响
长期持有的确定性、安心度	很小	较大	很大	大

表 37 适合“定投小白”几类基金

首先他筛选掉了不确定性最大，有基金经理问题的主动型股票基金。剩下的就是他的终极疑问了：

第一，下面三种类型基金到底选哪个定投

◎主动型的量化基金

◎纯被动型的指数基金

◎被动型+主动型的指数增强基金

第二，怎样优选出具体的基金

最终选基时的困惑

小逗：大师，终于到选基的最后一步了，求不纠结的办法！

大师：小逗，纠结源于你心中还有很多困惑，所以才导致最终在选择时举棋不定。不如这样，我提问你回答，试着把你的困惑给讲出来，我再针对性的给你解药怎么样？

小逗：这样再好不过了，毕竟是长期定投，我希望自己能够投基无惑！

第一个问题：无法在三种基金中做选择，你的主要困惑是什么？

小逗：大师，从 A 股市场独有的环境来说，我想选带有主动策略的基金来获取超额收益，毕竟散户多。但我特别怕一种情况，不论是选主动量化基金还是指数增强基金，一旦有很长一段时间收益不佳，跑不赢相对应的指数，甚至持续亏损，我就会开始胡思乱想，是不是量化模型已经失效了，是不是自己选错了基金，然后就可能拿不住。

反之，如果选择纯指数基金的话，因为没有主动策略，也就没有那么多的期待，我就不会想那么多。

对我来说，心里只要想着一点：我相信中国经济，上一次牛市结束在 2015 年，下一次牛市迟早会来。我要做的就是开启定投，然后安心等牛市来就好了，特别简单。

唯一的问题就是怕自己看到量化基金或者指数增强基金业绩特别闪耀的时候会后悔，因为定投收益可能真的会差好多。

大师：哈哈，被你说得我都觉得难选了，这的确是很多“定投小白”普遍会遇到的困难，爱各种比较以及放不下对高收益的渴望。

第二个问题：这三种类型的基金不论哪一种，各自都有不一样的投资风格，你会怎么选？

小逗：我知道基金大致可以分为两种风格：

◎“大盘蓝筹风格”—— 业绩比较标准是“沪深 300 指数”的“价值型基金”，波动性较小，定投收益相对较低。

◎“中小盘成长风格”—— 业绩比较标准是“中证 500 指数”的“成长型基金”，波动性较大，定投收益相对较高。

我是很想选波动性大，定投收益高的“中、小盘成长基金”，但毕竟是第一次定投，我对于自己的风险承受程度并不能很确定。原因在于 A 股市场的大小盘风格轮动还是很明显的，中小盘成长风格的基金从 2016 年至今一直表现不佳；如果单纯持有一种风格，很可能会浮亏得很厉害，将来遇到同样情况，很难说自己会不会拿得住。

大师：你的纠结我明白，这需要你在“最终可能赚得更多”和“定投过程心里更舒坦”里面做一个平衡。

第三个问题：你是不是很想选出一只“最强”的基金来定投？

小逗：一开始当然想啊，但我后来慢慢发现这其实是不可能的事情。一方面，之前了解了“冠军基金魔咒”“A 股风格轮动”“量化基金 2016/2017 业绩大反转”等各种案例。我知道了在不同年份看基金排行榜，排名前列的基本都不一样，比如：

◎ 2016 年的排行榜，定投收益靠前的会是一些“小盘风格”基金

◎ 2017 年的排行榜，定投收益靠前的又变成“大盘风格”基金

所以，最强基金只存在于传说，在现实中还是运气占了多数。另一方面，我有一种神奇的“超能力”：

◎被我选中的基金，之后的表现就会变差

◎没被我选中的基金，之后的表现往往会更好

所以，当有几个不错的基金放在我面前时，我是真的不知道该如何选。

大师：哈哈，你这个“超能力”真是有够幽默的。通过你的回答，我能感受到你很多的困惑是出于担心自己拿不住，坚持不下去，这的确是能否成功定投的重要核心。看来你对于基金定投本身已经有了足够深刻的思考和理解，为你开心。

大师的选基建议

大师：根据你的三点困惑，我的建议是，建立一个定投基金的组合。

小逗关于选基的最终困惑

如何最优选？

◎ 三种都适合定投的基金，怎么选

◎ A 股有不同风格的轮动，怎么选

◎ 如果几个都不错，怎么选

大师的解药

组合定投

◎ 不纠结，一起定投

◎ “价值”和“成长”两种风格，一起定投

◎ 不追求唯一的“最优”，一起定投

图 50 大师给小逗的选基建议

	价值风格 业绩比较标准对应 （沪深300指数）	成长风格 业绩比较标准对应 （中证500指数）
纯被动型指数基金	1 个	1 个
主动型量化基金	1～2 个	1～2 个
被动＋主动结合 指数增强基金	1～3 个	1～3 个

表 38 极简极懒基金组合配置思路

小逗：看上去很厉害的样子，不过这样的话会不会太多了呢？

大师：小逗先别急，我来逐个说明一下：

第一，三种类型的基金组合定投，一方面可以解决你的纠结症，另一方面也是在帮助你分散风险。

对“定投小白”来说，国内公募基金已经超过了5500只，找到适合定投的基金类型很重要：

◎货币、债券基金——波动低、长期定投回报低

◎主动型偏股基金——基金经理作为核心，确定性低

◎另类策略基金——“小白”理解困难，拿不住

◎国外基金——“小白”理解困难，拿不住

◎场内基金——离市场太近

◎行业主题基金（窄基指数）——确定性低，对“小白”太难

通过层层筛选，最后剩下的这三类基金：被动型指数基金、主动型量化基金、指数增强型基金，的确都适合定投。既然都适合，在你特别纠结、没有办法选出最心仪基金的情况下，就可以考虑组合定投。

除此以外，组合的好处还有“东方不亮西方亮”。比如表39，市场处于普跌的情况，但量化基金的主动策略起了作用，所以获得了超越市场趋势的收益。

	价值风格 业绩比较标准对应 （沪深300指数）	成长风格 业绩比较标准对应 （中证500指数）
指数基金	下跌	下跌
量化基金	+5%	+1%
指数增强基金	下跌	下跌

表39 普跌情况下基金对比

同理，一定也会有指数基金和量化基金表现一般，而指数增强基金表现突出的时候。毕竟要定投好长一段时间，在不同阶段都有闪光的基金，能轮流给你信心，这样也可以更好地帮助你坚持下去。

第二，“价值”＋“成长”，也就是“中证 500 ＋沪深 300”组合定投，这是为了分散 A 股市场轮动的风险。

同时持有价值型基金和成长型基金的话，除了全市场普跌的年份，其他不论市场轮动到哪个风格，都可以让你的组合有一部分在获取正收益，会让你的心态变得比较好，更容易坚持下去。

比如表 40，市场轮动到了成长风格，因此价值风格的几个基金表现普遍不好，但成长风格类型的基金都表现不错。

	价值风格 业绩比较标准对应 （沪深300指数）	成长风格 业绩比较标准对应 （中证500指数）
指数基金	下跌	上涨
量化基金	下跌	上涨
指数增强基金	下跌	上涨

表 40　成长情况下的基金对比

小逗：理解大师的用意了，定投时间那么长，的确需要这样一个不同风格的组合来减轻我的心理压力，持有体验也很重要。

大师：第三，如果有几个基金同时达到优选标准，不用选择其一，可以一起定投，以此规避只想找到“最强基金”的心态。

对于“小白”来说，找最强基金压力实在太大，没必要为了根本不存在的基金，去耗费精力。加上我们要持有这些基金好几年，谁又能真的保证主动策略能持续有效。

既然如此，同类型的可以多选几个，即使有一个基金在之后的岁月里慢慢变普通了（看走眼），还有其他的基金呢。

小逗：大师，这个方法是真的适合我，可以避免我老是“点基成铁”……

大师：哈哈，整个组合的逻辑就是这样了，不知道有没有治愈你的纠结症呢？

小逗：这个组合真的很适合我这个又懒又笨，还容易纠结的“定投小白”。

看着大师你给我特别定制的组合，我感觉自己成了“定投江湖”的“武林盟主”，将带领各路定投门派的高手决战紫禁之巅呢！

真是越想越兴奋，大师，接下来赶紧说说，怎么来选出基金路门派的精英呢？

极简选基的秘密

大师：小逗你觉得用什么方法可以既简单又合理地选出基金？

小逗：我觉得看排行榜是不靠谱的，看各种参数我又觉得头痛，说起来的确让我很迷茫。

大师：那在主动型量化基金、被动型指数基金以及指数增强型基金这三种类型里，你觉得哪种选起来比较简单呢？

小逗：那肯定是被动型指数基金，因为都是被动复制指数，并不会差别很大，所以选起来不用考虑太多。

大师：嗯，那么难点就是在另外两种带有主动策略的基金上，对吧？

小逗：是的，大师。

大师：那如何来判断一个基金好与坏？

小逗：先看这个基金是什么风格，然后和它对应的指数标准相比较，对吧，大师？

大师：你说得没错，所以在你有了这些基础理念后，我们其实可以用一种“极简选基法”，只需要一个优选标准，那就是**“长期跑赢业绩比较指数”**。

长期跑赢业绩比较指数，代表这只基金能够持续获取超越指数的收益 α，说明了它的主动策略是长期有效的，大概率在将来也能继续跑赢指数，值得拥有！

比如我们要优选价值风格的主动型量化基金，那么就要求这只量化基金能够长期连续跑赢它的业绩比较指数——“沪深 300 指数”。

小逗：大师，这个选基思路很特别，这代表了我不需要去看排行榜，也不需要去研究各种参数，不会单纯被某一年的高收益所吸引，可以不以短期收益高低论英雄。

大师：是的，高收益并不是判断一只基金好坏的决定性因素，漂亮的收益有可能来源于运气，有可能来源于这段时间正好匹配上市场风格……

相比某一年收益特别高，我们更需要的是能长期稳定跑赢指数这一点。

小逗：新技能学到了！那么具体要怎么来选呢？

大师：接下来，就让我们把基金定投的各门各派的“几位大侠”逐一请出来吧。

◆ 指数增强派｜大盘蓝筹风格

大师：第一步，找到“指数增强基金”。

① 打开基金网的首页

② 右上角“工具”

③ 进入到“基金筛选”

④ 点击“按基金类型筛选”

⑤ 选择“指数型”

⑥ 选择“大盘指数”

⑦ 选择“增强型”

第二步，找出其中的“沪深 300 指数增强基金”。

第三步，根据我们的优选标准来选出基金：

◎成立 5 年以上

◎连续 5 年跑赢沪深 300 指数（需手动对比）

基金代码	000300	000311	162213	163407	110030	310318	100038
基金名称	沪深300	景顺长城沪深300指数增强	泰达宏利沪深300指数增强A	兴全沪深300指数（LOF）A	易方达沪深300量化增强	申万菱信沪深300指数增强A	富国沪深300指数增强
2013—2017	60.09%	108.33%	100.05%	94.55%	92.92%	101.46%	89.85%
2015—2017	16.08%	51.87%	43.47%	42.03%	40.69%	39.11%	42.96%
2018（截至12.11）	-21.61%	-19.44%	-19.16%	-14.04%	-19.77%	-16.32%	-13.60%
2017	21.78%	33.58%	27.33%	31.83%	29.84%	21.71%	27.08%
2016	-11.28%	-0.69%	-3.50%	0.69%	-1.82%	-1.84%	-5.01%
2015	5.58%	18.98%	19.64%	9.51%	12.67%	19.24%	20.89%
2014	51.66%	54.56%	64.15%	57.16%	55.94%	57.87%	55.39%
2013	-7.65%	1.90%	-7.57%	-4.64%	-3.71%	4.48%	-8.50%

表41　连续5年跑赢沪深300指数的基金对比

大师：如表41所示，成立5年以上且表现一直不错的一共有6只。其中，连续5年跑赢沪深300指数的一共有4只，分别是易方达、景顺长城、泰达宏利、兴全的指数增强基金。

另外两只基金，申万菱信以及富国的长期表现也很不错，但各有一年没有跑赢沪深300指数。

小逗：大师，按照组合“不讲究最强”的理念，我就不需要再去纠结这4只基金到底哪个更好了是吧？那我就把它们都选上做组合吧。

大师：哈哈，的确如此，小逗你有没有觉得这个优选方法很适合你。

小逗：对的，我不用去研究各种细枝末节的参数，只要和指数做个简单的收益对比就行，这种选基法对作为小白的我真的超友好的。

大师：这种简单粗暴其实是有前提的，如果小逗你之前没有系统了解过基金的相关知识，不了解组合的意义，那选基就会变为一件特别复杂和纠结的事了。

◆ 指数增强派｜中、小盘风格

大师：我们接着来看中证 500 指数增强基金。不像沪深 300 指数增强基金一般成立时间比较久，中证 500 指数增强基金大多成立时间不长，所以优选标准需要调整为：

◎成立 3 年以上

◎连续 3 年跑赢中证 500 指数

基金代码	000905	000478	161017	162216	002311
基金名称	中证 500	建信中证 500 指数增强 A	富国中证 500 指数（LOF）	泰达宏利 500 指数增强（LOF）	创金合信中证 500 指数增强 A
2015—2017	25.24%	68.78%	50.08%	61.97%	/
2018（截至 12.11）	-29.68%	-28.07%	-23.91%	-23.85%	-22.11%
2017	-0.20%	3.21%	9.21%	11.92%	11.26%
2016	-17.78%	1.16%	-6.16%	-7.61%	-7.27%
2015	43.12%	64.41%	47.03%	57.66%	

表 42　连续 3 年跑赢中证 500 指数基金收益对比

（“创金合信”创立于 2015 年 12 月，如果你现在看到，可以关注一下这个基金，视情况加入组合。泰达宏利的名字叫“分级”，但细看基金说明，也是一只指数增强基金。）

大师：筛选结果有 3 只，分别是建信、富国以及泰达宏利的指数增强基金。

小逗：了解，那和沪深 300 一样，这三只基金我就一起收入基金组合了。

这样的话，组合中“指数增强基金”的部分就搞定了，大师，我们继续优选量化基金吧。

◆ 量化基金派——大盘蓝筹风格

大师：量化基金的选择会比较麻烦，我们无法用到基金网站的筛选工具。所以，只能凭真本事，逐个把它们找出再一一对比了……

和中证 500 指数增强基金一样，量化基金的成立时间也普遍不长。大盘价值风格的量化基金优选标准为：

◎成立 3 年以上

◎连续 3 年跑赢沪深 300 指数

基金代码	000300	000877	000172
基金名称	沪深 300	华泰柏瑞 量化优选混合	华泰柏瑞 量化增强混合 A
2015—2017	16.08%	61.96%	45.65%
2018（截至 12.11）	–21.61%	–19.11%	–19.33%
2017	21.78%	24.37%	22.13%
2016	–11.28%	2.65%	–1.36%
2015	5.58%	34.94%	24.88%

表 43 连续 3 年跑赢沪深 300 指数基金收益对比

小逗：“量化基金派”竟然只能选出两个候选，看来在大盘风格基金的超额收益获取上，还是“指数增强基金派”更胜一筹啊。这样的话，我就不做筛选了，一起收入基金组合吧。

◆ 量化基金派——中、小盘风格

大师：接下来，中、小盘成长风格的量化基金优选标准为：

◎成立 3 年以上

◎连续 3 年跑赢中证 500 指数

基金代码	000905	460009	163110	000978
基金名称	中证 500	华泰柏瑞 量化先行混合 A	申万菱信 量化小盘	景顺长城 量化精选
2015—2017	25.24%	87.72%	96.18%	/
2018（截至 12.11）	-29.68%	-22.46%	-23.67%	-26.08%
2017	-0.20%	19.28%	3.59%	11.87%
2016	-17.78%	-0.71%	5.11%	-2.26%
2015	43.12%	69.15%	87.48%	-

表 44　连续 3 年跑赢中证 500 指数基金收益对比

（“景顺长城”成立于 2015 年 2 月，如果你现在看到，可以关注一下这个基金，视情况加入组合）

小逗：筛选下来依然也只有两个候选，看来量化基金的长期稳定性的确比较一般。不过我发现在中、小盘成长风格基金的超额收益获取上，量化基金倒是比指数增强基金要更高一些（2015—2017 年数据）。

大师：是的，不过说实话 3 年的样本还是太小了，之后哪个发挥更好谁也不知道。

小逗：这也是建立组合的意义，我可以通过第一次定投之旅好好了解观察。申万菱信和华泰柏瑞这两只基金我就先一起收入组合了，量化基金高手组集结完毕。

◆ 被动型指数基金派——沪深 300 指数

大师：最后，我们来选被动型的指数基金。

回顾一下之前讲过的指数基金分类（图 43），我们的定投选择是其中的“场外基金”：ETF 联接基金和普通指数基金。优选标准的话，可以参考以下两条：

◎ 基金规模大——指数基金通常会有一部分流动性应对申购和赎回，规模大的指数基金更稳定

◎ 成立时间长——老基金久经考验，表现会比新基金更稳定

小逗：咦？主动型基金有一个不确定因素就是基金规模变大，为什么被动型指数基金就可以不受影响呢？

大师：你可以简单理解为：

◎ 主动型股票基金由基金经理人主导，规模越大必然管理难度就越大，业绩有影响很正常

◎ 主动型量化基金的选股模型都存在着自身的规模上限，规模的大小会影响到量化策略的有效性

而被动型指数基金没有上面这些困惑，所以规模变大不受影响哦。

小逗：好的，清楚了，我们继续吧，大师。

大师：我们继续选指数基金，首先是沪深 300 指数基金，具体筛选步骤：

◎ 列出所有和沪深 300 相关的指数基金

◎ 去掉场内基金（ETF、分级基金）

◎ 去掉场外的主动增强型基金

◎ 选出其中规模大、成立时间长的

基金类型	基金名称	基金代码	成立时间	规模（亿元）
普通指数基金	博时沪深 300 指数 A	050002	2003-8-26	60.51
	工银沪深 300 指数 A	481009	2009-3-5	25.38
ETF 联接基金	嘉实沪深 300ETF 联接 A	160706	2005-8-29	152.39
	易方达沪深 300ETF 联接 A	110020	2009-8-26	39.44
	华夏沪深 300ETF 联接 A	000051	2009-7-10	107.65

表 45 沪深 300 指数基金

小逗：学习了，大师，既然都是复制指数，收益都差不多，那我就选其中规模最大、成立时间也很早的“嘉实沪深 300ETF 联接”加入组合吧。

◆ **被动型指数基金派——中证 500 指数**

大师：最后是中证 500 指数基金，筛选步骤和上面是一样的。

◎列出所有和中证 500 相关的指数基金

◎去掉场内基金（ETF、分级基金）

◎去掉场外的主动增强型基金

◎选出其中规模大、成立时间长的

基金类型	基金名称	基金代码	成立时间	规模（亿元）
普通指数基金	鹏华中证 500（LOF）A	160616	2010-2-5	2.66
	富国中证 500	161017	2011-10-12	54.12
ETF 联接基金	南方中证 500ETF 联接 A	160119	2009-9-25	53.61
	广发中证 500ETF 联接 A	162711	2009-11-26	11.75

表 46 中证 500 指数基金

小逗：大师，这里我就选择规模最大、成立时间最早的“南方中证 500ETF 联接”加入组合了。

“定投群侠传”基金组合登场

小逗：报告大师，我的“定投群侠传”基金组合正式构建完毕！

基金类型	“价值”风格业绩比较标准对应（沪深300）	基金代码	“成长风格”业绩比较标准对应（中证500）	基金代码
纯被动型指数基金	嘉实沪深 300ETF	160706	南方中证 500ETF 联接	160119
主动型量化基金	华泰柏瑞量化优选混合	000877	华泰柏瑞量化先行混合 A	460009
	华泰柏瑞量化增强 A	000172	申万菱信量化小盘	163110
被动＋主动结合的指数增强基金	兴全沪深 300 指数增强 A	163407	建信中证 500 指数增强 A	000478
	景顺长城沪深 300 指数增强	000311	富国中证 500 指数（LOF）	161017
	泰达宏利沪深 300 指数增强 A	162213	泰达宏利中证 500 指数增强（LOF）	162216
	易方达沪深 300 量化增强	110030		

表 47　定投基金组合

进入选基篇，从“α & β”到“大盘价值 & 中小盘成长”，从“主动型股票基金”到“主动型量化基金”，从“被动型指数基金”到“指数增强型基金”，现在我才完全理解大师你这样一步步引导我学习了解的苦心。

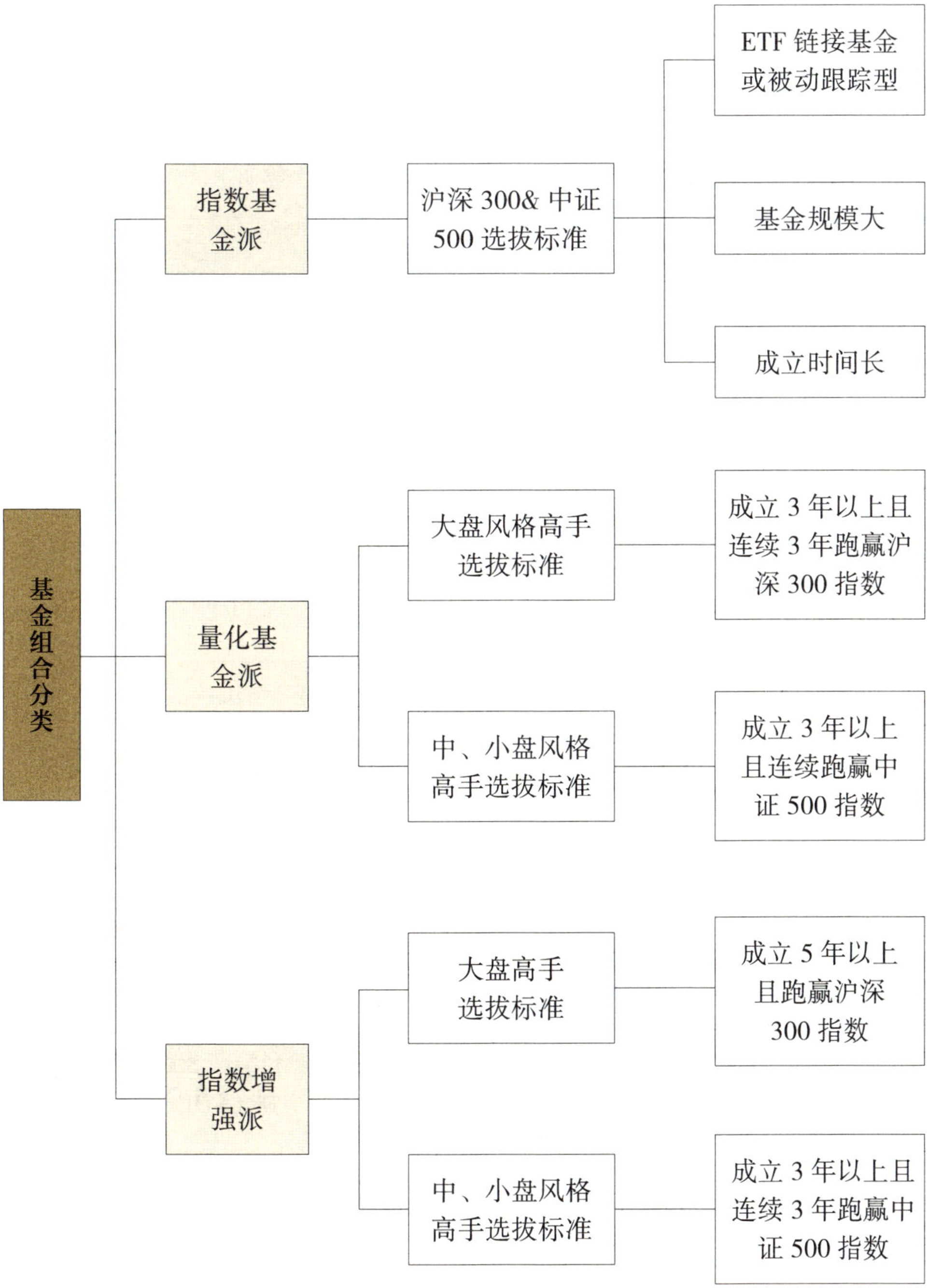
基金组合分类
指数基金派
沪深300&中证500选拔标准
ETF链接基金或被动跟踪型
基金规模大
成立时间长
量化基金派
大盘风格高手选拔标准
成立3年以上且连续3年跑赢沪深300指数
中、小盘风格高手选拔标准
成立3年以上且连续跑赢中证500指数
指数增强派
大盘高手选拔标准
成立5年以上且跑赢沪深300指数
中、小盘风格高手选拔标准
成立3年以上且连续3年跑赢中证500指数

图51 基金组合分类

要特别感谢大师教会了我这种简直不能再适合我的极简选基法，可以帮助我在任何时间都可以轻松构建出一个适合定投的基金组合。

虽然基金数量多了点，但这个组合的思路的确很适合初次定投的我。话说大师，我能不能稍微做个精简，把组合的基金数量凑个整呀。

大师：当然可以，之前是你自己在纠结该如何做取舍。

小逗：好吧，一直没告诉大师，其实我是一个强迫症，我要把筛选出来的13个基金精简为10个。

大师：……

基金类型	"价值风格"业绩比较标准（对应沪深300指数）	基金代码	"成长风格"业绩比较标准（对应中证500指数）	基金代码
纯被动型指数基金	嘉实沪深300ETF	160706	南方中证500ETF链接	160119
主动型量化基金	华泰柏瑞量化优选混合	000877	华泰柏瑞量化先行混合A	460009
	华泰柏瑞量化增强A	000172	申万菱信量化小盘	163110
被动＋主动结合的指数增强基金	兴全沪深300指数增强A	163407	建信中证500指数增强A	000478
	景顺长城沪深300指数增强	000311	富国中证500指数（LOF）	161017
	泰达宏利沪深300指数增强A	162213	泰达宏利中证500指数增强（LOF）	162216

表48 定投基金组合

小逗：好了，精简完毕。相信在一轮定投周期结束时，等我有了更多对于定投的领悟，可以再对组合做出进一步的优化！

定投问答

“奥斯卡，我觉得你的选基思路太单一了，在某网站上有教如何通过各种维度、全方位无死角的优选基金，这样肯定比你这个方法要好得多吧？”

“我关注了很多大V的基金公众号，发现大家推荐的基金都不太一样，但这几位老师我认为都很厉害，我也不知道该听谁的，真希望能找到最好的那个基金，好纠结，怎么办？”

奥斯卡：如何选基，完全取决于你是什么样的人。有一种是“最优化者”，其特点是：总是要确保自己的每一个选择都是最佳的。可是，怎样才能知道哪一个选择是最优的呢？根本停不下来的对比，甚至需要自己把所有的选项一一试完。选项越多，难度就越大。

另一种是“比较容易满足的懒人”：他们知道自己想要什么，也会去追求自己想要的东西，但得到之后比较容易满足，能够收手。

以找对象为例，有的人要把所有的候选人都挑一遍，生怕错过了最好的选择。有的人则能毫无心理负担承认自己没有找到最好选择的能力，相信的是适合就好。

可以想象得到，如果在定投选基过程中是个“最优化者”，一定会花费更多的时间去做出选择，而且往往会犹豫不决，或者是选择后还会改变初衷，因为总会认识新的大咖或者看到“更好”的定投策略。

市面上是有很多筛选基金的专业指标。

收益	风险
平均回报率	标准差
α 系数	β 系数
R 平方	晨星风险系数

表 49　夏普系数

除此以外，各种大 V 的独门选基法更是多得数不清。但即使如此，也没有办法去保证自己选出来的就是“最强定投基金”。反而让我们的心态变得很浮躁，会陷入不断对比纠结的怪圈。

其实最重要的，是你需要尽早了解到一点：**选基不是定投中最重要的事，买得好买得巧，不如守得住。买入基金是第一步，卖出的价格才决定最后的收益。而在买入和卖出之间要做的就是守！**

举个例子：小 A 是一个“最优结果追求者”，他花费许多时间对比了各种指标，找出了一只“神基”开始定投（当时的最优选）；但之后的他始终没放下对最好基金的追求，加上即使是“神基”也会有表现一般的时候，在定投的第三年没拿住，改换其他基金了（那时候的最优选）。

小 B 是一个“懒人小伙伴”，她定投了沪深 300 指数基金，虽然是一个被动型的指数基金，定投期间的收益从来没有上过排行榜，但她拿住了，坚持到了牛市做了止盈。

从基金的选择来看，可能小 A 更优，但从定投结果来看，反而是小 B 可能更胜一筹！没错，最终定投成功与否，并不是看一开始谁能选的更好，而是看谁能坚持拿到牛市止盈。

大师给小逗建议的定投组合，就是我想给小伙伴们传达的选基思路。

因为无法选到最好的基金，也无法在几类基金里做最优选择，所以认怂选择做一个定投组合。

另外，组合有不一样的基金策略，每天都可能是这个涨一点，那个跌一点，轮流表现，有助于安抚我们的心情。

建立定投组合的逻辑我能理解，但真实的感受就是“定投的基金有点多”，如果能保持在 6 个行吗，从指数增强型基金中的 3 个再选出一个更好的，会不会更简单一点？

奥斯卡：不知道小伙伴们觉得“多”的困惑具体是什么？

① 一下定投那么多基金，资金不够。

② 操作麻烦。

③ 定投期间管理麻烦。

④ 大多数文章推荐最多 4 个。

⑤ 没理由，就是觉得多。

在奥斯卡眼里：

① 每个基金最少定投金额 10 元，10 个基金 100 元，也就是说最少每月 100 元就可以。

② 定投一组基金和定投一个基金，操作是一样简单的，只需在第三方基金销售平台建立一个定投计划，每周 / 月自动扣款即可。

③ 定投期间甚至可以不做任何事情，只需等到牛市止盈一起卖出，So Easy。

④ 一般推荐不超过 4 个，是考虑到可能需要一直关注或者中途换基，而极简极懒不需要。

⑤ 可以把这个组合看成是一个打包的产品，里面包含了十只基金。

这样细想一下的话，是不是觉得 10 个也就是看上去多，其实也不是那么麻烦了？至于为什么不从指数增强型基金中的 3 个再选出一个更好的？因为历史业绩不代表将来，所以用组合来代替一个最优的基金。

基金名称	2017年全年收益	2018年全年收益（截至12.11）	2019年全年收益
兴全沪深 300 指数增强 A	31.83%	–14.04%	
景顺长城沪深 300 指数增强	33.58%	–19.44%	
泰达宏利沪深 300 指数增强 A	27.33%	–19.16%	
业绩比较标准：沪深 300 指数	21.78%	–21.61%	

表 50　沪深 300 最优基金组合

（如果只选一个，在每一年可能面临不一样的结果，很难做出“最优选”）

基金名称	2016年全年收益	2018年全年收益（截至12.11）	2019年全年收益
建信中证 500 指数增强 A	1.16%	–28.07%	
富国中证 500 指数增强（LOF）	–6.16%	–23.91%	
泰达宏利中证 500 指数增强（LOF）	–7.61%	–23.85%	
业绩比较标准：中证 500 指数	–17.18%	–29.68%	

表 51　中证 500 最优基金组合

（回头看，很可能你今年没选的，会在下一年成为“最优选”）

如果你有更好的方法，当然可以只选择其中一个，进而将组合变为6个甚至两个都是完全可以的。我分享自己的定投理念，小伙伴消化后用自己最舒服的方式进行定投就可以。

对了，想知道奥斯卡我定投了多少只基金吗？

“15只”。其中，有2个是年度冠军股票基金，小逗很多选基的困惑都是我自己的经历，比如我也曾经用过“4433选基法”，故事来源于生活。

虽然这两个年度冠军基金已然不符合我现在的选基逻辑，它们的情况也的确不好，浮亏都接近30%，但对整个基金组合来说，只是2/15，实际影响并不大。我会把它们留到牛市，等画出了“微笑曲线”再来和大家分享，以此说明相比选基真的是坚持更重要。

试想，如果我只定投了4个基金，1/2出了问题我的心态可能就会很差了，会严重影响我定投的决心。

建立组合的话，就可以有一个容错性，即使有一两只基金表现不好，但它只是我们组合的一部分，不影响我们整体定投的成功。

有过定投选基经历的小伙伴应该知道，过去我们大多会因为某个基金业绩特别优秀，比如今年赚了许多钱、排名在收益榜前列等而选来定投。但这次你会发现，奥斯卡推荐的这个基金组合，在2018年其实是全亏的！

	价值风格业绩比较标准（对应沪深300）	2018年收益（截至12.11）	成长风格业绩比较标准（对应中证500）	2018年收益（截至12.11）
纯被动型指数基金	嘉实沪深300ETF联接	-20.17%	南方中证500ETF联接	-28.16%
主动型量化基金	华泰柏瑞量化增强A	-19.11%	华泰柏瑞量化先行混合A	-22.46%
被动型+主动型结合的指数增强型基金	兴全沪深300指数增强A	-14.04%	建信中证500指数增强A	-28.07%
	景顺长城沪深300指数增强	-19.44%	富国中证500指数（LOF）	-23.91%
	泰达宏利沪深300指数增强A	-19.16%	泰达宏利中证500指数增强（LOF）	-23.85%
业绩比较标准	沪深300指数	-21.61%	中证500指数	-29.68%

表52

如果你曾经希望奥斯卡会帮你选出一个特别赚钱的组合，不知道看到现在的结果会不会感到失望呢？

小测试

一个有趣的事情是，如果我不是在2018年底，而是在2017年底写了定投系列的话，展示出的组合业绩（当年和前三年）就会变得还不错了，至少会比较符合大家选基的标准。

	价值风格业绩比较标准（对应沪深300）	2017年收益	2015—2017三年收益率	成长风格业绩比较标准（对应中证500）	2017年收益	2015—2017三年收益率
纯被动型指数基金	嘉实沪深300ETF联接	22.18%	20.44%	南方中证500ETF链接	0.64%	29.59%
主动型量化基金	华泰柏瑞量化增强A	22.13%	45.65%	华泰柏瑞量化先行混合A	19.28%	87.72%
被动型+主动型结合的指数增强型基金	兴全沪深300指数增强A	31.83%	42.03%	建信中证500指数增强A	3.21%	68.78%
	景顺长城沪深300指数增强	33.58%	51.87%	富国中证500指数（LOF）	9.21%	50.08%
	泰达宏利沪深300指数增强A	27.33%	43.47%	泰达宏利中证500指数增强（LOF）	11.92%	61.97%
业绩比较标准	沪深300指数	21.78%	16.08%	中证500指数	-0.2%	25.24%

表53

但你有没有想过如果2017年定投了，那么在2018年，你很可能会对着我的公众号各种吐槽：

“奥斯卡，跟着你定投，怎么就找了这几个基金，都亏惨了，什么乱七八糟的组合……”

◎ 2017年，组合当年及过往三年业绩优秀，大家按照过去的选基模式，果断定投

◎ 2018年，组合业绩大变脸，小伙伴们可能会各种失望，表示奥斯卡不靠谱

大家想想，是不是这个逻辑？

那么，到底怎么来看待这样一个“2018年全亏”的组合呢？奥斯卡表示这个真需要你自己去理解，我不希望大家是看着业绩优秀而选择它们，而是在真正理解了选基逻辑之后再做选择。

当然，我知道一定是各种看法都有：

◎ 怎么要定投一组全亏损的基金，买了晦气，不买了，看其他“大神”的去

◎ 选基逻辑很对，虽然看似我买了一组都亏损的基金，但它们的阿尔法策略是有效的，定投前途是光明的

小测试

◎ 要是 2017 年就开启定投计划就好了，这样我已经走出了“微笑曲线”的左边，完成了份额的积累

◎ 如果是 2018 年才开始，我可以从更低的地方开始定投了

所以，小伙伴你是怎么看的呢?

附录

手把手教你定投的执行手册

并没有一个适合所有人定投的完美组合，所有的定投组合都是在收益、风险、波动之间做一个平衡。

通过前面 11 章，跟着我们的小逗学习，相信大家对定投已经有了一个系统的了解。在这一篇里，奥斯卡将会把之前文章的知识点给大家做一个串联和回顾，并给予大家一个可以把理念落实到实际的“定投执行手册”。

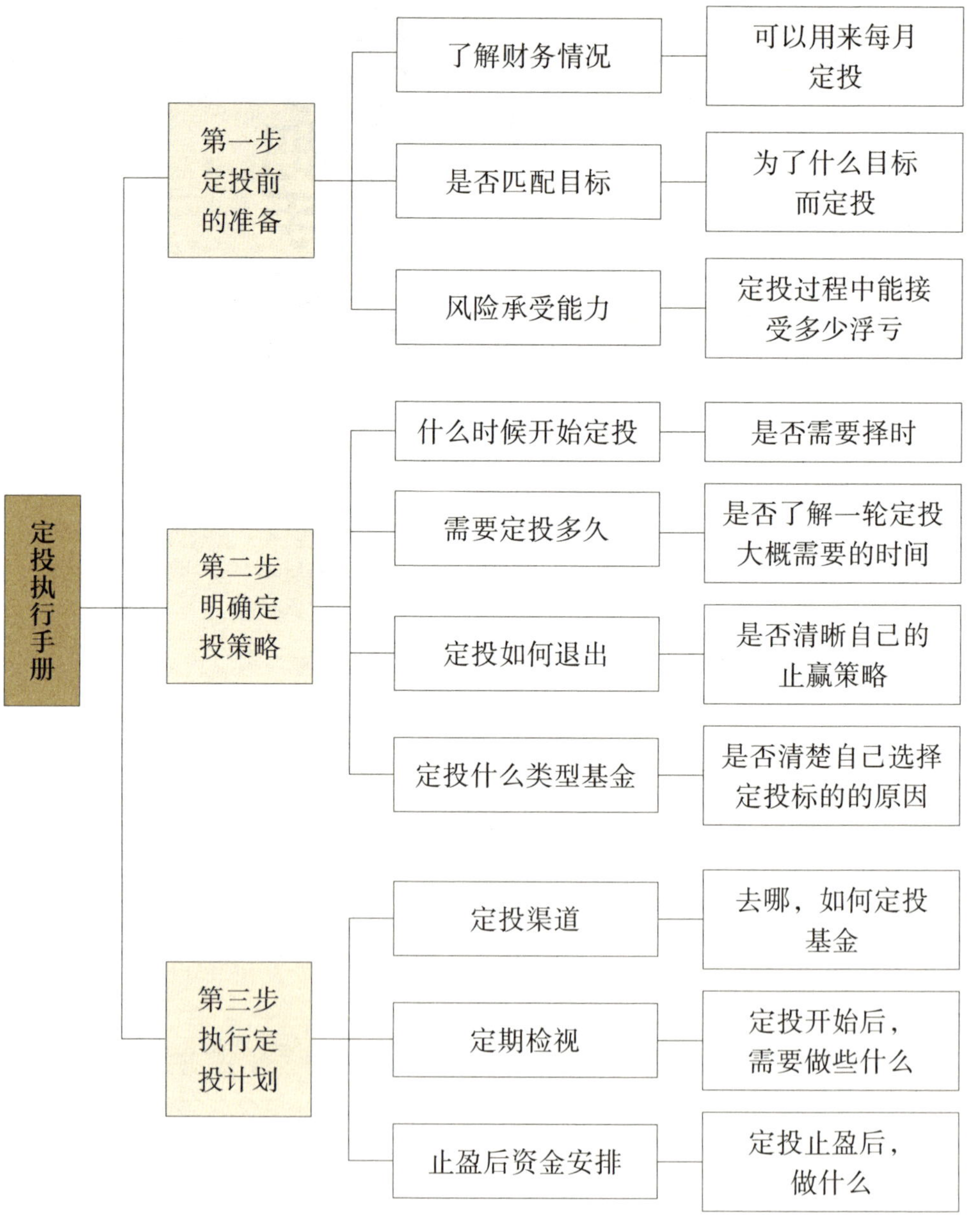

图 52 定投执行手册

定投前的准备——了解财务情况

古语有云，知己知彼，百战不殆。开启定投，就从了解自己开始吧。

“你准备每个月花多少钱定投？”

首先你需要知道的是，用来定投的建议是“闲钱”“长钱”和“持续会有的钱”：

◎闲钱：生活开支中扣除这笔定投资金，不会受到影响

◎长钱：能够三年五年用不上，一旦出现急需用钱的时候，不会出现赎回基金救急的窘境

◎持续会有的钱：每月现金流正向且持续，比如每个月工资结余

因此开启定投的第一步，需要先对自己的财务状况有一个清晰的认识。比如自己有多少存款，有多少债务，每个月的固定收入和支出是多少？理清了这些才能去计算自己每个月到底有多少钱可以用来定投。

有些人对自己的财务状况了解不足，对未来现金的需求估计不足，设定的金额超过了自己的承受范围，影响了生活质量，这样就很有可能打乱定投计划，使无法坚持下去的概率大增。

每个人的收入和支出不同，月结余也就不同，的确没有一个绝对的、适合每个人的定投金额。

但是有一个基本的原则：定投金额应该就低不就高，量力而行，在不影响生活质量、不会让自己情绪受影响的基础上定投。

奥斯卡个人的参考建议是：

月定投金额 =（月收入－月支出）/ 3

举例说明：

小 A 同学，单身，月收入 5000 元，扣除日常开支＋租房，月盈余 1500 元，银行存款 0 元，负债 5000 元。

小 B 同学，准备两年内结婚、买房买车，月收入 6000 元，月盈余 2000 元，银行存款 10 万元。

对于小 A 同学而言，银行存款为 0，且身背负债，他的经济状况使他的风险承受能力很弱；当务之急，建议小 A 同学积极储蓄，还清负债，尽快让银行存款从 0 元变成 3 万～5 万元，让这笔资金成为“应急资金”，以应付日后的突发事件。

如果想尝试定投的话，建议以一个较少的资金开始，也就是即使有突发情况，也确保不会断供（定投资金）。

参考每月定投金额：300～500 元。

对于小 B 同学而言，因为有结婚、买房和买车的打算，并不适合把存款拿出来用于定投，以避免需要用到资金时，定投一轮周期还没完成（牛市没来），只能割肉退出。

如果想尝试定投的话，建议仅考虑每月固定收入减去生活支出，也就是月盈余中的部分金额作为每月定投资金。

参考每月定投金额：500～800 元

定投贵在坚持，宁愿少投点，也不要影响自己的生活，如果你工资才 5000，却拿出 3000 来定投，情绪不受干扰才怪。

综上，找到一个数字，让你的生活质量不因定投扣款而发生变化，那它就是适合你的每月定投额了。

定投前的准备——设定定投目标

◆ 你为什么要定投?

这是一个关乎定投初心的问题。为了强制储蓄、梦想清单还是资产增值?如果没有明确目标，很可能沦为盲目定投。

无论做什么事情，有一个明确的目标都有利于我们坚持下去，定投也一样。

那么，在目标设定上有什么需要注意的呢?

我们来看下面三个目标：

◎30 年后想退休，为了退休以后有钱花

◎10 年后小孩要上大学，为了储蓄一笔学费

◎2 年后想买房，为了存首付款，实现买房梦想

上面两个很适合作为定投的目标，因为时间周期足够长，可以通过几轮定投来逐步达成。而最后一个的话，设定买房为目标是合理的，但对应的目标期限却有问题。2 年后用这笔钱付首付，代表了定投退出的期限是被锁定的，但问题是 2 年后大概率还在画“微笑曲线”的左半边，这样很可能会因为不得不退出而遭遇实际的亏损。

如果这个时间期限从 2 年变为 5 年，是 5 年之后才有买房子的需求，那短期的市场涨跌对我们影响就不大，更容易坚持。

总而言之，在你新建定投账户，开启定投之前，记得给自己设定一个长期目标。当我们想要放弃的时候，想想自己的目标，坚持下去就不会那么难。

定投前的准备——了解风险承受能力

◆ **你最大能接受多少浮亏?**

这个答案真的很重要，如果你从来没想过的话，先来做个选择题吧：

A：看到绿的就慌

B：-1%～-10%

C：-10%～-20%

D：-20%～-30%

E：-30%～-40%

F：-40% 或更高

如果是参与了定投实验的小伙伴，这里应该会更容易做出选择，因为你在实际定投过程中每天都会遇到波动，对于浮亏应该已经有了切身的体会。这也是我想通过定投实验达到的效果，在实操中让你更了解自己，更了解定投。

如果还没有进行过定投的小伙伴，那就请你试想一下，如果在定投期间发生了 20% 的浮亏，比如 30000 元浮亏了 6000 元，你是会继续坚持下去，还是会割肉赎回呢?

相信大家此刻已经有了自己的答案，你一定会好奇为什么要这样问。逻辑是这样的：

◎风险承受能力，简单来说，就是看你能接受多大的浮亏

◎能接受多大的浮亏，代表了你能接受定投标的的波动性有多大（上蹿下跳）

◎波动性越大的基金，可能带来的收益也越高

◆ **“浮亏”—“波动性”—“预期收益”**

也就是说，你在“能接受多少浮亏上的答案”实际决定了：

◎你适合选择什么基金来定投（明确标的）

◎你可以去预期获得多少收益（帮助止盈）

低风险和高收益不可兼得，在定投那些预期收益高的基金路上往往会经历更多的坎坷。

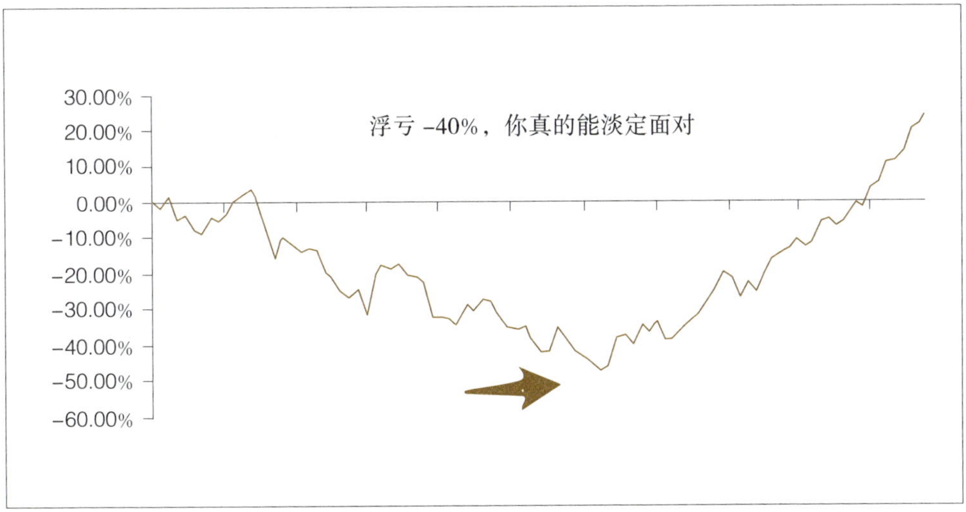

图 53

很多时候，我们回过头看基金的净值曲线，面对一次次回撤（浮亏），内心并不会起波澜，但当浮亏真的发生在自己身上时，大部分投资者的心态就做不到这么好了。

其实，对于自身的风险承受能力，很多人是当局者迷并不知道的，有些小伙伴一开始以为自己完全可以承受定投期间的各种浮亏，但是往往在跌了不到10% 的时候就开始大呼小叫了，更别说浮亏 30%、40% 甚至 50% 以上了。这个其实是很多人坚持不了定投的一个主要原因。

明确自己能承担多大的损失，要进行数字量化（百分比），不要抱有短期的投机心理，可以说这是开启定投之前每个人必须要直面回答的问题。

定投什么基金收益最高？那种你能接受相对应波动（浮亏），能一直坚持下去的基金，最终的定投收益一定是“最高”！

要想获得心仪的定投收益，就得承担更大的波动风险，接受长期更多的浮亏来换取。吃得消就选，吃不消就降一档再选，直到选中你生命中能够承受之重。

如果没有这样的觉悟和认识，就算给你找到最优的基金也可能会坚持不下去。那么，如何根据自己的风险承受能力来选择基金和对应的基金组合呢？后面还会具体进行说明。

◆ 小结

◎审视自身财务状况，明确有多少钱可以用来定投

◎设定合理定投目标，能帮助我们更好地坚持下去

◎了解风险承受能力，找到适合自己的基金来定投

小伙伴可以来回答一下，在你开始定投之前，有没有认真思考过以上问题，有没有明确的答案？

明确自己的定投策略

想要成功定投，你需要有一套成体系的、可操作的定投策略。这个策略要能帮你回答以下几个问题：

◎什么时候开始定投

◎需要定投多久

◎定投如何退出

◎定投什么基金

通过小逗的定投传奇故事，大家了解了“极简极懒定投策略”的核心思路和我的答案：

1. 定投无须刻意择时——第三章
2. 一轮定投的时间大致是“3～6 年”，等到下一次牛市退出——第四章
3. 通过“设定年平均收益目标”＋“七颗龙珠市场情绪”来执行止盈退出——第五章
4. 定投一个既可分散风险，又不让自己纠结的“基金组合”——第六章至第十一章

定投选基，适合自己最重要

接下来，奥斯卡会就具体定投什么基金，给予不同风险偏好和理财段位的小伙伴一些建议。

<table>
<tr><th>学习阶段</th><th>理财能力和定投经验</th><th>风险承受能力</th><th>定投标的建议</th><th>可能波动性&预期年化收益</th><th>定投建议</th></tr>
<tr><td>完全理财新人</td><td>刚接触理财
理财经验为零
定投经验为零</td><td>很低或不知道自己的风险承受能力</td><td>/</td><td>/</td><td>不建议刚学习理财就开始定投。请先学习理财入门</td></tr>
<tr><td rowspan="3">理财入门
“定投小白”</td><td></td><td>不能接受浮亏或极少浮亏</td><td>/</td><td>/</td><td>对浮亏感到反感的话，就放弃定投吧，安心去获取稳健收益，配置固定产品</td></tr>
<tr><td rowspan="2">理财入门，定投经验为零
看过并理解定投系列文章
希望“懒人理财”</td><td>理解“微笑曲线”
风险承受能力较低
只能接受较少的浮亏</td><td>波动性相对较小的指数基金
如纯被动型的沪深300指数基金</td><td>波动性相对较小（仅供参考）
可能浮亏：
–5%～–15%
可能定投年化收益：
5%～10%</td><td>建议选择不带有α策略、波动性较小的纯指数基金。牺牲一些收益，心理舒服，拿得住最重要</td></tr>
<tr><td>理解“微笑曲线”
风险承受能力尚可，能接受一定程度的浮亏</td><td>成长＋价值风格
小逗的十个基金组合</td><td>波动性相对较高（仅供参考）
可能浮亏：
–15%～–25%
可能定投年化收益：
10%～15%</td><td>完整学习之后的初次定投之旅，可以看作是实验性的定投，三种不同性质的基金做组合</td></tr>
</table>

续表

学习阶段	理财能力和定投经验	风险承受能力	定投标的建议	可能波动性&预期年化收益	定投建议
理财达人“定投菜鸟”	**最好有一年以上理财经验** **学习过理财知识，有自己的资产配置** **定投经验虽然少，但定投只是自己理财组合的一小部分** **希望懒人理财**	理解“微笑曲线” **风险承受能力较高** **能接受较多浮亏**	成长＋价值风格 **指数增强基金或量化基金** 数量随意，建议组合	波动性较高（仅供参考） 可能浮： –15%～–35% 可能定年化收益： 10%～20%	有资产配置组合的概念后，**定投部分配置可以用时间换收益，通过长期定投，通过高波动来换取高收益**，从而提高整体的组合收益
定投 / 理财高手或职业投资人	**有相当丰富的理财和定投经验** 愿意花较多时间学习研究理财，了解更多类型基金和定投策略	风险承受能力高 有自己控制风险（回撤）的策略	**请随意——** 各种基金组合：行业基金、主动基金、红利低波动、小盘低波动等； 智能定投：各种技术流派的均线策略定投、估值定投策略等	**波动性：看具体基金** 历史定投年化收益：看具体基金	

表 54 不同的理财建议

◆ **完全的理财新人**

对于刚接触理财的小伙伴，奥斯卡一直以来都是不建议先学习定投的。这就好比刚开始学游泳，就直接跳进大海，这种感觉你懂得……

理财，讲究的是先心法、后招式，先简单、再复杂。

先学习理财的基础知识（乘法口诀），再循序渐进地学习理财工具（简单数学计算到高等数学）。

理财段位	理财工具	相关知识点、理念	心法感悟	操作建议
“理财小白”	货币基金	入门，了解“火鸡”，了解流动性	感受“钱生钱”	学习并切实操作一直拥有
“理财小白”→“理财菜鸟”	国债	基础理念，购买方式	了解固定收益	学习，不用实际操作购买
“理财菜鸟”初期	银行理财产品	了解具体分类，什么是风险偏好测试，R1R2 是什么等	风险偏好的意义	学习，不用实际操作购买
“理财菜鸟”初期	互联网理财产品	互联网大咖 BAT 包装销售的产品，具体可参考逗比宝系列	感受确定性	学习，少量资金尝试
“理财菜鸟”初期	债券基金（纯债）	申购代码、申购渠道、申购费率、申购方式、申购时间	感受波动	学习，少量资金尝试
“理财菜鸟”后期	P2P	P2P 的基础概念如何选择靠谱平台	理解组合的重要性	学习，少量资金尝试
“理财菜鸟”后期	基金定投	波动性和收益、综合基金知识	感受长期波动感受贪婪和恐惧	学习，少量资金尝试

表 55　不同段位的理财工具

（火鸡：即货基。货币基金的简称）

接下来我会推荐你先看一下奥斯卡之前写的“理财通关总攻略”[1]，先理财入门了再考虑定投。

当然，如果小伙伴你在看完定投系列后真的很想实践一下，那我会建议你以一个极少的金额，比如每月 100 元来进行试水。

◆ 理财入门、“定投小白”

对于已经理财入门，比如学习理财三个月或者半年以上，有接触和使用过其他理财工具的小伙伴，选择什么基金（组合）来定投，主要就取决于你的风险承受能力了：

1. 不能接受浮亏或极少浮亏（0～-5%）

如果你特别厌恶风险，之前一直都只是买银行理财产品，看到绿色就会心脏不好，我的建议是，认怂放弃定投，继续选择银行理财产品或者一些定期型的互联网理财产品，享受每年 4%～5% 的稳定增值。

虽然预期收益是低了一些，但实际体验对你来说会更好。这就像一个恐高的人，去游乐园不用非得逼自己坐摩天轮，玩玩漂流也可以有不错的体验。

2. 只能接受较少的浮亏（-5%～ -15%）

如果你风险承受能力一般，害怕高波动，我的建议是，选择波动性较小、不带有 α 策略的基金，比如“纯被动型沪深 300 指数基金”来定投。这样的话波动相对较小，当然预期收益也不会很高。

3. 能接受一定程度的浮亏（-15%～ -25%）

如果你非常认可微笑曲线，风险承受能力尚可，我的建议是，直接参考大师给小逗推荐的“中小盘成长”＋“大盘价值”基金组合。承受的波动更高，预期收益也更高。

---

1. https://mp.weixin.qq.com/s?__biz=MzA5NDM3NTQzNA==&mid=2651936335&idx=1&sn=10804016177f3be85e257ef6b056e44d&chksm=8baa6d2abcdde43c7e48580bd0eb60d441e86078b517da3b18d83e19ede589a136d9695d04c9&scene=21#wechat_redirect

基金类型	价值风格 业绩比较标准 （对应沪深300）	基金代码	成长风格 业绩比较标准 （对应中证500）	基金代码
纯被动型指数基金	嘉实沪深 300ETF 联接	160706	南方中证 500ETF 联接	160119
主动型量化基金	华泰柏瑞量化增强 A	000172	华泰柏瑞量化先行混合 A	460009
被动+主动结合的指数增强基金	兴全沪深 300 指数增强 A	163407	建信中证 500 指数（LOF）	000478
	景顺长城沪深 300 指数增强	000311	富国中证 500 指数增强（LOF）	161017
	泰达宏利沪深 300 指数增强 A	162213	泰达宏利中证 500 指数增强（LOF）	162216

表 56　定投基金组合

初次定投的话，可以考虑和小逗一样，把三种类型的十个基金做组合，来一次不纠结的定投实验之旅。等有了实际的定投经验，能坦然面对波动和浮亏了，届时可以再对组合进行调整。

◆ **理财达人、“定投菜鸟”**

对于已经建立理财组合的你来说，定投应该只会是整体配置的一小部分。因此，可以适当考虑提高定投的风险系数（波动），以此换取更高的定投收益，用来提升整体理财组合的收益。

比如，只是定投指数增强基金或量化基金的组合，又或者根据你的风险承受能力，任意搭配基金做定投组合。

◆ **理财高手、职业投资人**

对于这类小伙伴，一来可能根本不会来看这篇文章，二来本身就比奥斯卡我厉害多了，也就不存在我来给什么建议。

说到底，我的定投系列就是写给和我一样不愿意在定投、理财上花过多时间的“懒人小白”。

对于愿意花更多时间钻研投资，也希望获得更优结果的小伙伴，请随意就好。

选基这件事没有所谓的标准答案，小伙伴们可以参考奥斯卡给大家的定投建议，根据你自身性格特点、时间精力、对于定投的理解等来进行选择，适合自己最重要！

如何开启 / 退出一轮定投

1. 去哪定投基金

目前市场上最常见的基金定投平台是“蚂蚁财富”和“天天基金”，除此以外像“好买基金”“蛋卷基金”“且慢”等也都是可以的。

资金的安全性可以不用担心，大家的钱是以托管的形式存在各自合作的银行那里，这些第三方基金销售平台不直接管理资金。

这里贴一张某平台的资金流向示意图，其他平台都是类似的。

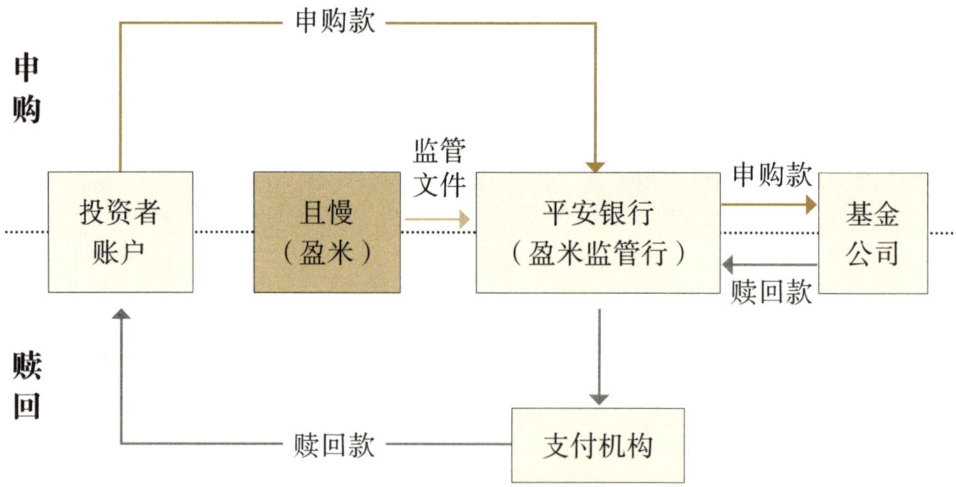

图 54 资金流向示意图

然后，定投的费率基本也都是最低的一折，只是在最少定投金额上，平台之间会有一些区别；比如“申万菱信量化小盘”，在“蚂蚁财富”上，一次定投的金额最少需要 1000 元，而在“蛋卷基金”上，只要 10 元就可以了。

2. 定投开始后，需要做些什么

如果真的能做到，答案其实是什么都不做。

◎不用每天看大盘跌还是涨

◎不用每天打开 App 看基金表现如何

◎不用看到其他大咖推荐基金就心痒

◎不用看到浮亏就哇哇大叫

有所不为比有所为有时候更重要，一方面这就是极简极懒的意义，节省大量时间去忙工作、学习和陪伴家人，创造更多的现金流，更快地实现财务自由。另一方面远离市场也能拥有更好的心态，让我们更好地坚持下去。

但是，真的能做到吗？很难，对于初次定投的小伙伴来说几乎是不可能的，更可能会是：

◎每天都会打开 APP 看两眼

◎经常会对比身边其他人的定投收益

◎看到盈利开心看到浮亏难过

◎看到大 V 推荐的基金会心动

那怎么办呢？我给小伙伴们模拟了我们之后几年的定投之路，让你穿越到未来去亲身经历一下，看完就有答案。

3. 定投止盈后，做什么

定投退出的资金应该怎么安排呢？还是要回到定投的初心，当初为什么要做这个定投。

如果需要结婚、买房，且日期临近，那止盈的资金就老老实实放在货币基金上，别再想太多。

如果是一个长期定投的目标，比如养老或是孩子教育金计划，这时候就可以重新制定一个定投计划，调整金额，再次开启第二轮的定投。

问题是，一下子拿回那么多钱，怎么来计算第二轮定投适合的金额呢？奥斯卡的建议是：“之前定投金额”＋“止盈所得再定投金额”。

具体怎么来计算呢？

举个例子：本来每月定投为2000元，一轮定投赎回后手里一共有8万元。

首先，

止盈所得的再定投金额 = 赎回的金额 / 3680000 / 36 ≈ 2300元。

为什么要把这笔钱平均分散到3年（36个月），每月投入一份呢？因为这笔赎回的钱已经成为我们一笔大额资金，需要按照“存量资金”来定投，对应下一轮定投的时间（3～6年一次牛熊转换周期）。

如果你之前赚得非常多，赎回的金额非常大，那么也可以分成48份（4年）、60份（5年）。

接下来，加上本来每月结余（增量资金），也就是原来定投的资金。

2300＋2000＝4300元。

“4300元”就是第二轮定投的新金额！

说起来，其实这些止盈后的事情不急于现在去想好。从开启定投到牛市止盈，离一轮定投结束还有好久好久。

我们先有个概念，然后可以在漫长的边定投边学习状态下，慢慢提升我们对于定投的认知，之后再决定止盈后要怎么做。

总结

学习了《极简极懒定投执行手册》的全部内容后，现在请小伙伴们根据所学习到的，来给下面的这份执行手册填写上你自己的答案。

话说，我还特地找了一位帮我试读定投系列的小伙伴写了一份答案供大家参考，简直不能再贴心了。

定投阶段	核心问题	小伙伴，你的答案	某小伙伴的参考答案
定投前的准备	是否梳理过自己/家庭的资产情况？ 是否了解结余情况，计划每月多少钱来定投？		家庭每月收入是15000，支出10000，月结余5000，可以用来理财的储蓄5万。5万的储蓄，我有建立自己的理财组合，活期＋定期＋长期，会拿出部分钱用于每月定投 每月定投的钱：月结余1000（增量资金）＋储蓄部分1500（存量的资金），一共2500元。
	定投用的钱是否闲钱，真的是长期定投的钱吗？		稳定的工作保证了能有持续的现金流，同时我也做好了紧急备用金的准备，我的每月定投金额是认真衡量后决定的，原则是投入的资金量不会影响我的生活质量。 从定投一开始就决定的“闲钱投资”的原则，能让我在漫长的下跌中也不至于无路可退。
	定投目标是什么？		目标是十年以后储蓄一笔教育基金，这笔钱短期用不上。所以市场短期的涨跌不会影响我，我会很好地坚持下去。差不多通过两轮定投（牛熊转换）就可以达成了
	你最多承受多大的亏损		15%～20%
	你希望定投后每年的收益是多少		期望定投后每年的收益在10%～15%
	你准备什么时候开始定投？		不择时，现在就准备好开始定投了

续表

定投阶段	核心问题	小伙伴，你的答案	某小伙伴的参考答案
明确定投策略	做好定投几年的准备		参考过去，做好定投3～6年的准备。比较开心的是，距离上次牛市已经过去3年了，代表在接下去3年内就有下一轮牛市，不会太早也不会太晚，比较容易坚持
	定投的标的是否有选定		还是比较认可大师给小逗推荐的基金组合的，也准备投那十个基金，以学习积攒经验为主
	什么时候止盈？准备如何止盈		会参考年度收益目标止盈法。到了牛市后，年化收益达到15%，一次性卖出，简单直接。期间还会继续学习，明确的止盈计划非常重要，慢慢提升自己再确定
	在哪里定投？定投频率		在蚂蚁聚宝APP月定投。每月发工资是5号，我设定了发工资后3天，也就是8号定投
执行定投计划	准备如何做定期检视		因为定投了十只基金，已经考虑了他们在不同时期的不同表现，即使有部分表现一般的，也不会影响整个组合整体的定投效果。一般不会对组合进行调整。如果未来可定投资金增加，会考虑再加几个“那时的好基金”加入组合
	定投止盈后资金如何安排		这个还早，暂时还不做特别考虑，进一步学习资产配置的知识，更好地完善理财组合
最后	对自己的定投策略和计划，是否理解和有信心		通过一系列的学习，已经非常清楚了。定投策略简单实用，很适合我这个平时没太多时间关注的妈妈。记住此刻开启定投的初心，希望自己能坚持下去。如果遇到困惑，会重新读一下文章

表57 定投执行手册

这会是一次非常有仪式感的记录，用来记录下此刻你“定投的初心”。就好比是两个人结婚前的誓言：

◎你是否爱她 / 他

◎不论富贵还是贫穷，疾病还是健康，不离不弃

◎你是否坚信你们会走到最后

请务必保存好这份执行手册，将来在定投遇到困惑时，可以时不时拿出来看下，这样就不容易背叛自己的定投选择，更容易坚持下去！

定投问答

“奥斯卡，看了你的定投系列后觉得‘极简极懒组合定投’的方式挺适合我的，但我也看到过其他定投策略，感觉也很不错，不知道有什么区别，怎么来选呢？

说实话，每当看到一些理财大V公众号的文章，或者在学习群遇到理财前辈的推荐，我就会心不定，很容易就质疑之前的选择，怎么办？”

奥斯卡：我有时候会想，如果理财的世界，并没有那么多选择，只能在银行存定期买理财产品+货币基金，是不是大家学习理财就可以简单好多，而且至少每年都还能获得正收益！

然而实际的情况却是，投资理财的世界实在是太复杂了，P2P、股票、黄金、基金等，每一块细分领域都非常专业，稍有不慎都可能让你亏钱。定投的世界何尝不是这样呢？

最初的时候，只有最傻瓜的定时定额定投，现在则延伸出了太多形形色色的定投策略，有一种知道得越多反而越手足无措的感觉……

我把自己知道的网上各种定投方法做了个简单分类。

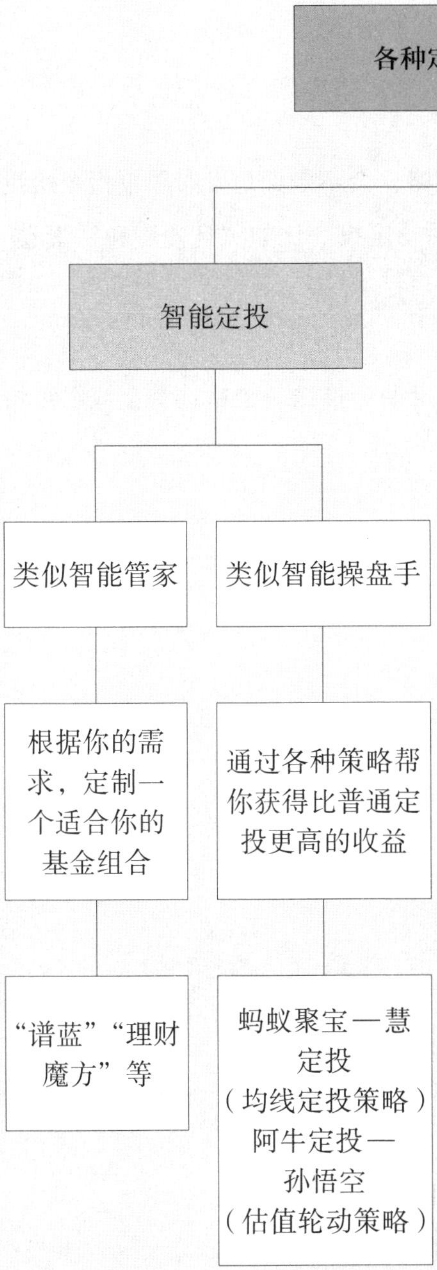
各种定投简单分类
智能定投
跟投
类似智能管家
类似智能操盘手
跟着某大V
跟着某付费服务
根据你的需求，定制一个适合你的基金组合
通过各种策略帮你获得比普通定投更高的收益
进行定期/不定期的基金投资
定期发布优选基金，让你跟进投资
“谱蓝”“理财魔方”等
蚂蚁聚宝—慧定投（均线定投策略）阿牛定投—孙悟空（估值轮动策略）
“且慢”“蛋卷”部分策略

图 55　定投的简单分类

◆ 跟投

大致分成两种：

1. 跟大V

很多大V都有自己一套独特的定投策略，会不定期地发布跟投指令给投资者，投资者跟着大V的操作指示进行手动定投。比如“且慢”和“蛋卷”基金上的一些大V跟投策略。

2. 跟某收费服务选基金

一般会是一个优选基金的定投计划，定期会推送一个精选基金或组合给跟投的投资者，投资者跟进投资。

◆ 智能定投

也大致有两种形式：

1. 智能管家

它会问你很多问题，根据你的回答（风险偏好、收益需求、资金量等），来给你定制一个定投组合。

2. 智能操盘手

以策略的形式存在，通过估值轮动、动态平衡、均线定投策略、价值平均策略等方式帮你获得比普通定投更高的收益。

看到这里，可能有不少小伙伴已经晕了。

“那么多定投策略和方法，我怎么知道该选哪种呀！”

实话实说，奥斯卡自己并没有去研究每一个定投策略，对于有兴趣逐个研究的小伙伴，下面是我的友情提醒：

◎这个策略的原理是什么，可能存在什么样的风险

◎我能真正看懂多少，对我而言是不是太复杂了

◎我平时需要经常操作吗，是否让我离市场太近

◎有没有明确的止盈方法，退出的纪律足够清晰吗

◎这个策略可复制性如何，我可以一直使用下去吗

◎如果没有提供这个策略的大V，我能独立操作吗

对于任何一种你心动的定投策略，都建议自己清楚以上情况再进行投资。

“奥斯卡，我没想过要去了解那么多策略，只想要一个简单的答案，其他定投策略是不是更好呢？”

好吧，还记得我们的口号不？“遇到纠结疑问时，极简极懒出现。”

首先，很多小伙伴希望能遇到一只“神基”，一个“神专家”，或者一个“神的定投策略”。但事实是，每种策略都有其不适合的行情和环境，都会有账面不是很好看的时候。既然没有一个所谓的“完美定投逻辑”，那选择策略的标准，我觉得很重要的一点是：“自己能看懂。”

我相信小伙伴们应该深有体会，不仅是定投策略，好多理财的知识（甚至是生活中的道理），看的时候觉得自己懂了，但真到用的时候就不懂了；或者给别人讲的时候都明白，到自己用就糊涂了。

好像学到了，又好像没学到。

奥斯卡觉得，选择一个定投策略不是因为背后的平台有多大，也不是策略主理人过往业绩有多牛，而是自己能看懂这个定投策略，且这个主理人的定投逻辑符合自己的定投价值观。

就像找对象一见钟情一样，有时我们以为她（他）就是我们要找的另一半，但接触了解后却发现对方并不是自己要找的那个能托付终身的人。

定投也一样，有时见到一个策略，你以为它就是自己想要的投资方式，但时间会证明，你只是喜欢他的上涨，下跌起来会让人夜不能眠。

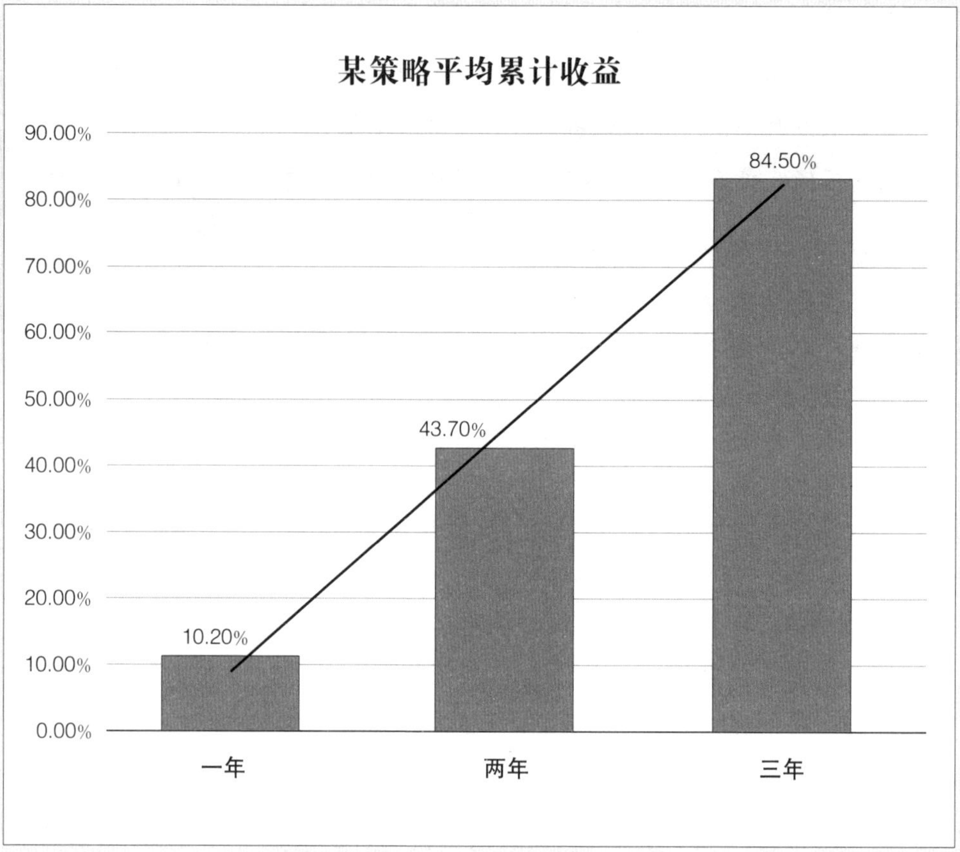

图 56　你关注且愿意相信的

平均累计收益：88.32%（持有 3 年）

风险等级：中风险

如果对一个策略没有足够的理解，处于一知半解的状态，抄作业的时候就会产生怀疑心态，对以前的决定开始不再那么确定，最终导致拿不住放弃，这种情况相当普遍。

如果你觉得一个策略让你学得很累，跟得很累，那么，一定是这个策略太过复杂了。换成自己能够看懂，自己理解的定投策略，才能拿得住，才能

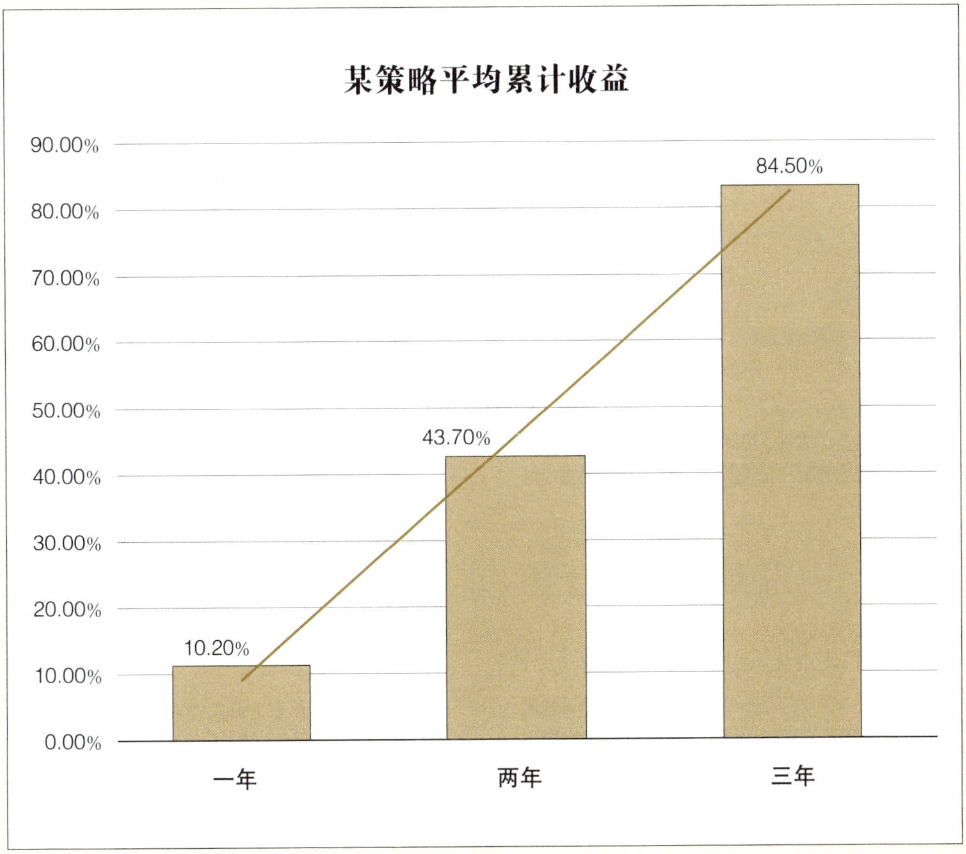

图 57 你忽略过的，没想过会发生

最大跌幅：38.7%（持有 3 年）

风险等级：中风险

更好地坚持下去。

其次，我们要有一个基本认知：你投入的时间和精力，也是一种无形成本。

选择定投，本来的目的是为了让我们省心，有更多的精力投资自己，努力提升自己的工作和事业。

但现实生活中，很多跟投定投策略的小伙伴是这样的：

◎要琢磨市场走势，关注指数点位、估值，盘算该定投哪个，该平衡哪个

◎要跟紧大V，关注跟投组合的调仓或更新提醒，每隔一段时间就要操作一番

◎这山望着那山高，在不同的策略中不断摇摆，费时费力还无法坚持

甚至，跟得有点懵……

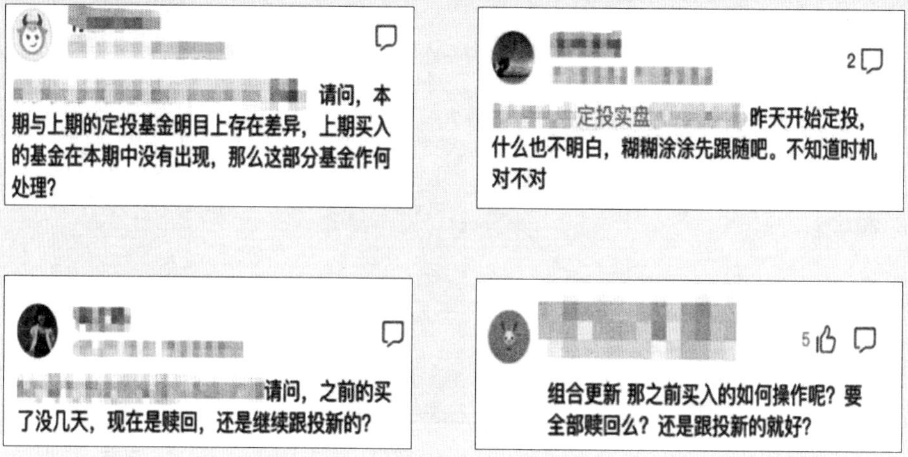

图 58　定投基本心态

而我觉得，定投应该是下面这样的：不需要天天盯盘，不需要频繁操作，不需要每次定投的时候计算各种数据。定投账户一开，就可以把这件事抛到脑后，吃喝玩乐忙工作，什么都不用做。

这就是“极简极懒”，越简单、越有效，越容易坚持下去。

最后，奥斯卡做了一张定投策略分析表，当你接触各种定投策略的时候，可以进行一个简单的比较，方便大家根据自身能力和情况找到最适合自己的定投策略。

对定投策略的疑问	极简极懒定投策略	对“小白”来说	○○××策略	对“小白”来说
什么时候可以开启定投?	不用择时	极简	可能会需要等待 如果数值合理估值区间等	容易犹豫不决
定投需要多久?退出时间是否清晰?	明确,等到牛市(一般3~6年)	极简	可能并不确定 如需要定投平衡,指数之间做切换等	需要计算以及持续关注跟踪
定投期间是否需要频繁操作额外操作	不需要,定期定额开启定投计划等牛市即可	极简 极懒	可能需要经常操作 如场内手动定投、不固定时间的跟投操作	需要长期日积月累的操作 如果是不定额、越跌越买的话,无法预知需要投入多少资金,资金的投入可以说是无底洞;并且每个人的资金量不一样,买多少没人可以给标准答案。每次带着自我怀疑的心态下决定,会很折磨,也很容易“打光子弹”,真的被套牢

续表

对定投策略的疑问	极简极懒定投策略	对“小白”来说	○○××策略	对“小白”来说
定投具体标的如何选择 确定性如何	组合投资，不去考虑最强基金 β 收益＋α 收益（价值＋成长的组合）	极简极懒，组合定投的心态会更好	可能会给一组选择，但具体选哪个需要自己 部分策略主打优选主动型的股票 / 混合基金，容易受基金经理影响，确定性较差	面对很多选择的时候，如果自己是一知半解的，容易犹豫不决；如果定投标的的确定性不高，心态容易不好； 犹豫＋心态不好容易把握不住
可能遭遇的浮亏有多少	可能浮亏 –5%～–35% 看个人的风险承受力和选择的基金情况 如：只定投波动小的 300 指数基金或小逗的十个基金组合或指数增强基金组合	需根据自己风险承受力做好选择	可能浮亏 –5%～–20% 可能会只定投低估值的指数基金，越跌越买	浮亏相对较少，心态会比较好 需做好资金分配，需做择时定投
是否足够远离市场	足够远离市场，不需太多关注	极懒	可能会离市场很近 会持续关注市场	需要长期关注，很考验心理

续表

对定投策略的疑问	极简极懒定投策略	对“小白”来说	○○××策略	对“小白”来说
关于这个策略能否真正理解看懂?	系统学习定投星体系后应该可以轻松理解	极简	可能并不确定自己是否真正懂还是无脑在跟投	可能会比较迷茫
关于这个策略它的可复制性如何	“定投小白”也可以轻松复制	极简	对个人能力、时间要求比较高 可能部分策略只适合策略主理人本身	不确定
是否需要完全跟投 策略主人不在，自己可以完成吗	不需要，可以自己完成定投	极简 极懒	可能需要一直跟着策略主人 如果大V消失了，很难独立完成之后的定投和止盈	不确定

表 58 适合“小白”的定投策略

（○○××策略纯属虚构，主要是为了让小伙伴在了解其他定投策略时有一个参考策略，方便大家找到最适合自己的定投策略）

我选择了对我来说更简单、更易懂、更方便我“懒人”定投的策略，这代表我需要放弃很多市面上更热门、被更多人追崇的定投策略，必须承认很多时候它们还是很让人心动的，但我认为自己的决定也是合理的。

小测试

看完今天的文章，小伙伴们对以下问题都有自己答案了吗：

◎ 你每月会花多少钱定投？

◎ 你的定投目标是什么？

◎ 你最大能接受多少浮亏？

◎ 你会选择哪种定投策略？

◎ 具体选哪些基金来定投？

试着来回答一下吧。

整个系列临近尾声，我想先请小伙伴们来回答一个问题：你现在觉得要做好基金定投，到底是简单还是困难呢？

我想，应该是两个答案都会有吧。

说简单，真的挺简单。十几个字组成的三要素，就是成功定投的关键：

◎稳定的现金流

◎坚持（至少扛完一个定投周期）

◎合适的止盈（退出机制）

说难，也的确很难。那么多知识要学习，那么多基金要认识，那么多策略要选择……

而大部分人定投失败，主要原因还在于无法坚持：

第一，不了解定投

没系统学习过定投的基础知识，无法理解定投需要经历先浮亏后赚钱，对“微笑曲线”的概念不了解，看到浮亏很多就害怕退缩了，导致无法坚持。

第二，不了解自己

对自身风险承受能力没有概念，没匹配适合自己的定投策略（计划），陷入了盲目跟投的误区，遭遇浮亏时会产生怀疑心态，最终“拿不住”而放弃，导致“无法坚持”。

第三，对未来心里没底

第一次定投的小伙伴，对于开始定投之后的3～6年将会发生什么，是没有一个清晰概念的，一旦遇到自己认知以外的情况，会很容易陷入纠结和疑问，导致“无法坚持”。

前两种“无法坚持”，相信小伙伴们在之前的文章里已经找到了相对应的解药。

下面是第三种“无法坚持”对应的解药：

俗话说：“凡事预则立，不预则废。”我们可以试着把定投之路上可能会发生什么给模拟出来，并写下自己在遇到这些情况时会如何应对，以此帮助我们更好的理解定投，坚持定投！

那么，具体我们要如何来模拟呢？

定投月数	盈亏比例	小伙伴可能会有的心情
1	3%	开始定投了，好兴奋好紧张
2	5%	小赚了一笔，非常开心。感觉已经走在发家致富的路上
3	7%	就这个节奏，不要停
4	10%	厉害了，定投四个月就已经盈利 10% 了，要不要止盈呢？还是再放一段时间再看看。
5	15%	哇，定投不到半年，收益率已经达到 15% 了，我一定是“天选之子”。
6	10%	开始回调了，没事，反正还赢利着。
7	5%	这波下跌得有点猛啊，再跌就不赚钱了……
12（1 年）	0%	定投了一年了，不赚不亏，什么啊
15	-5%	开始亏损了，天啊！
18	-10%	有点怕啊，绿得有点惨
21	-15%	好惨啊，定投是骗人的吧？是不是永远不可能赚钱
30	-25%	跌了那么多要不要加仓？跌了那么多停止定投吧
36（3 年）	-20%	亏损回来一点，再坚持一段时间试试看
42	-15%	加油画“微笑曲线”吧
48（4 年）	0%	定投 4 年，终于回本了，感恩！
52	15%	终于赚钱了，真不容易，定投是有效的。

表 59 模拟投资者心情

（以上模拟的是刚开始定投的一年是“先浮盈后浮亏”，还有一种情况是“开始定投就一路浮亏”，那定投之路就是从第 15 个月开始的。）

◆ 刚开始定投

也许是觉得新鲜，每天都会看看赚了多少钱，虽然打心底知道定投要投上三五年，但还是忍不住会看上一眼……

◆ 定投 1～5 个月

正巧赶上市场一波上涨趋势，账户上的赢利会让你很开心，但请你理解对于长期定投来说，这部分的盈利注定只是暂时的，熊市中下跌才应该是常态。

希望将来由赢利转浮亏，你的心态变化不会太大。另外，还请知道，定投刚开始没多久就止盈没有意义，份额太少收益太少。**定投最合适的退出时间就是下一轮牛市！**

◆ 定投 6～12 个月

之前的盈利没了，可能会让你很失落，觉得定投了一年，连余额宝都不如，但请你理解对于长期定投来说，这只是刚开始，准备好迎接“漫长的浮亏”吧。

◆ 定投 15 个月

从小赚到小亏，可能会让你有点不开心了，因为谁都喜欢看着自己账户里的钱越来越多，而不愿意看到账户里的钱减少。那时也早已经没有当初的新鲜感了，不再天天盯着看了……

（PS：以上模拟的情况是刚开始定投的一年是“先浮盈后浮亏”，还有一种情况是“开始定投就一路浮亏”，那定投之路就是从下面的情况开始的。）

◆ 定投 18 个月

浮亏渐渐变大，可能心情会越来越焦虑，但请你不要忘记定投赚钱的奥义——“微笑曲线”，浮亏代表我们可以买到更多便宜的筹码。除此以外也请记得，你的目标是坚持到牛市，现在只是过去了一小半而已，给自己加油坚持。

（PS：做任何一笔投资，都需要分析结果，除了赚钱的结果，一定还要考虑亏钱的结果。而且亏钱的结果应该重点考虑。因为思考风险与亏损，不仅容易让人冷静，而且能让人在后期保持一个良好的心态。到时候即使风险真的出现了，你也不会惊慌失措。）

◆ 定投 24 个月

浮亏已经达到了 -20%，如果说一点不担心不焦虑，肯定是假的，这个时候你可能已经开始不断怀疑自己，是否选错了定投标的，是否要调整定投策略，要不要尝试智能定投等等。

（这时候请务必记得翻出“换基自检表”和“策略分析表”，深度思考一下，是否要替换基金或者调整自己的定投策略。）

◆ 定投 30 个月

浮亏达到了 -25%，这个数字可能已经严重动摇了你定投的决心：

◎定投还要不要继续，是不是永远都不可能赚钱

◎跌了那么多要不要加仓？跌了那么多停止定投吧

就像一个升级打怪的游戏，级别越高，对我们的考验也越大，时间越久，越考验我们的耐心。

这个时候，请拿出自己的定投计划，给予自己一个清晰的答案：

◎定投当然要继续，坚持把“微笑曲线”画完，待牛市来临之时，便是定投的丰收之期

◎不加仓、不停投，既不预测也不放弃，定期定额，“傻瓜定投”，坚持到底

除此以外，还请务必记得，在开启定投之前，你就对自己的风险承受（预期收益）做出过选择，能接受的浮亏就是 -25%（仅做举例），“微笑曲线”越大，将来的收益也自然是越大，还请继续坚持下去。

（如果在开启定投前，没有去想过自己最大可以接受的浮亏比例，看到这个亏损，很多人内心就会动摇，直接割肉卖出了。这便是一开始了解自身风险承受力的重要性，可以在这个时候更好地帮助我们坚持。）

◆ **定投 36 个月**

浮亏 -20%，从定投开始到现在，浮亏已经有 2 年多的时间，面对长期的浮亏，心里难免会犯嘀咕，好在相比最高的 -25%，现在浮亏算是减少了。

还请记得，定投的资金是闲钱，很长一段时间可以放着不用，并不会对生活产生影响，只要不卖出就只是浮亏，卖出才是真亏！并且，“微笑曲线”很可能已经走到了右半边，继续加油坚持吧！

（定投 3 年，如果最初定投的钱不是闲钱，或者有需要买房、买车，大概率会坚持不下去，最终亏损出局。这便是一开始规划定投资金的重要性，可以在这个时点，更好的帮助我们去坚持。）

◆ **定投 42 个月**

浮亏 -15%，经历了近 4 年的定投洗礼，很可能你已经练成了不以涨喜，不以跌悲的心态，账户也已经不常打开，心态愈发平和。你也已经习惯了自己的定投组合，东边不亮西边亮，学会了只看涨的几只基金，不去看跌的几只基金……

◆ **定投 48 个月**

赢利 0，天啊！定投 4 年终于回本了！看着基金组合过去的净值曲线，你知道自己终于等到了“微笑曲线”！

◆ **定投 52 个月**

盈利 15%，在漫长的坚持和等待之后，你的定投计划终于赚钱了！你翻出之前学习的“止盈篇章”，开始思考最适合自己的止盈策略。

◆ **定投 60 个月**

迎来一波大牛市，盈利 75%！根据之前制定的止盈计划（平均年收益目标 15%，15% × 5）一次性卖出，终于顺利完成了一轮定投！你不停感叹：“oh my god，我真的做到了！！！”

对止盈的资金进行分配以后，你再一次开启了自己的定投之旅。之后发生的一切，你的内心已经毫无波动，甚至开始指导起其他人。

◆ **启示**

到此，奥斯卡已经完成了我们定投计划的一轮模拟，不知道小伙伴你会不会有和我一样的收获：

◎刚开始定投，如果赶上行情好，可能会有正收益，但长期看我们的股市，熊长牛短才是常态，要做好“由赢利转浮亏”的心理准备

◎定投是一场时间长久的西天取经，取经的道路必然是漫长而坎坷，且一路要与妖魔鬼怪（恐惧）、美女画皮（贪婪）斗争。定投能让你赚钱，但是必须做好道路很坎坷的心理准备

◎“微笑曲线”是定投赚钱的奥秘，先有“微笑曲线”左侧的浮亏，才能画出“微笑曲线”右侧的赢利；最好的心态应该是跌了、亏了仍然能严守既定的策略坚持定投，这是需要经历和修行的。耐得住寂寞，才能守得住繁华

◎人都有即时满足的心理，今天投入 1 万，恨不得明天收益就 1.5 万，虽然不现实，但是每个人本心都是如此。坚持多年始终风雨无阻做一件当前没有收益的事情，是很不容易、了不起的，这真的需要有很强的意志力

◎长期定投，如果最终亏钱了，那更多的原因，是在下跌中失去了信心而放弃了，或者暂停了定投而最终亏损。忍住亏损带来的不适感和恐慌感，哪怕亏损很多也不要在低点卖出或者停止定投

◎只要你有一个长期一定能涨回来的信念，其实你根本不用管中间是怎么跌来涨去的，从亏损（浮亏）20% 到赢利 70%，其实你什么都不用做。毫无疑问，定投会带来收益，但那是长期坚持带来的结果，需要经历长久的痛苦与煎熬，更要保持信心和耐心

◎基金定投是一场漫长的播种与耕耘，收获其实只占整个过程很短暂的一部分。有可能你定投五年，前四年一直都是浮亏的，但坚持到牛市到来的收获足以让我们为之欢呼雀跃

知易行难，希望小伙伴们也能量化出自己的定投计划，把自己将来遇到什么情况，会如何面对，亲手写下来。

长期的浮亏会让人难以忍受，容易失去理智做出错误的决定，这份计划可以切实地帮助我们：

◎控制投资情绪，缓解自己的焦虑，克服心理上的弱点

◎理解微笑曲线，避免手足无措，坚信定投胜利终会来到

行路难且多歧路但坚信未来光明，相信坚持的力量！

◆ 检视最终学习成果

是时候来检视一下我们最终的学习成果，从开始学习定投到最终定投通关的每一步，小伙伴们都有自己的答案了吗？

学习阶段	定投相关疑问	奥斯卡的答案	小伙伴你的答案
第一阶段了解基金定投基础知识	1. 定投和一次性投资有何不同	01 章	
	2. 定投的赚钱奥秘是什么	02 章	
	3. 什么时候可以开启定投	03 章	
	4. 定投需要多长时间	04 章	
	5. 定投如何退出止盈	05 章	
第二阶段清楚选择定投标的逻辑	1. 基金常见分类有哪些	06 章	
	2. 主动型股票基金和被动型		
	3. 关于基金收益构成，α 和 β 代表什么		
	4. 主动股票型基金适合我吗，怎么选	07 章	
	5. 什么是量化基金，适合定投	08 章	
	6. 什么是基金投资风格		
	7. 什么是市场风格轮动，对定投有什么影响		
	8. 指数基金常见分类有哪些？	09 章	
	9. 什么是波动性，定投选波动大的，还是波动小的？		
	10. 什么是指数增强基金	10 章	
第三阶段明确具体定投标的的选择	1. 那么多基金，优选的标准是什么	11 章	
	2. 如何搭建一个适合自己的基金定投组合		
	3. 各种定投策略（估值定投、智能定投等），怎么选	附录	
第四阶段制定定投计划	1. 如何了解自身财务情况，花多少钱定投	附录	
	2. 如何合理制定定投目标，为什么而定投		
	3. 如何明确风险承受能力，匹配收益目标		

表 60　定投学习成果表

接下来，具体落实到定投执行的每一步，也请记得写下自己的答案。

定投阶段	核心问题	小伙伴你的答案	某小伙伴的参考答案
定投前的准备	是否梳理过自己/家庭的资产情况 是否了解结余情况，计划每月多少钱来定投？		家庭每月收入是15000，支出10000，月结余5000，可以用来理财的储蓄5万。5万的储蓄，我有建立自己的理财组合，活期＋定期＋长期，会拿出部分钱用于每月定投 每月定投的钱：月结余1000（增量资金）＋储蓄部分1500（存量的资金），一共2500元。
	定投用的钱是否闲钱，真的是长期定投的钱吗		稳定的工作保证了能有持续的现金流，同时我也做好了紧急备用金的准备，我的每月定投金额是认真衡量后决定的，原则是投入的资金量不会影响我的生活质量。 从定投一开始就决定的“闲钱投资”的原则，能让我在漫长的下跌中也不至于无路可退。
	定投目标是什么		目标是十年以后储蓄一笔教育基金，这笔钱短期用不上。所以市场短期的涨跌不会影响我，我会很好地坚持下去。差不多通过两轮定投（牛熊转换）就可以达成了
	你最多承受多大的亏损		15%～20%
	你希望定投后每年的收益是多少		期望定投后每年的收益在10%～15%
	你准备什么时候开始定投？		不择时，现在就准备好开始定投了
明确定投策略	做好定投几年的准备		参考过去，做好定投3～6年的准备。比较开心的是，距离上次牛市已经过去3年了，代表在接下去3年内就有下一轮牛市，不会太早也不会太晚，比较容易坚持。
	定投的标的是否有选定		还是比较认可大师给小逗推荐 的基金组合的，也准备投那十个基金，以学习积攒经验为主。

表61　定投学习成果表

（仔细阅读上表。另外，如果小伙伴你在序章第一次看到时就有填过自检表，记得拿出来对比一下。）

如果这两张表格已被你全部填满，那就代表小伙伴你离通关只差最后一步了。请试着和你的另一半、朋友、同事或者一起学习理财的小伙伴，来分享你学习到的定投知识和理念吧。

“输出是最好的学习消化。”他们作为曾经的你，一定会问出很多问题，如果你能用自己的语言把定投说清楚，能够把他们的疑问都一一作答，那才是真正做到投基无惑了。

在此，提前先恭喜你，定投学习之路通关啦！

从基金定投到资产配置之路！

在定投系列的最后，奥斯卡还想和大家聊聊资产配置。

第一，资产配置是理财学习的终极困惑，每个小伙伴都应该学会如何来组建自己的理财组合。

第二，对很多“懒人小白”来说，下面这个资产配置极简版会非常适合：

◎活期资产（3～6 月生活备用金）

◎定期资产（6 个月～1 年定期理财）

◎权益资产（长期定投组合）

配置描述	资产类别	NO.	理财工具	参考占比 / 资金	参考投资期限	配置理由，需求目标
低风险	活期现金管理	1	货币基金	70%～80%	完全流动性（2 小时到账）	现金管理家庭（个人）生活备用金
	固定收益类	2	互联网大咖		3～12 月	稳稳幸福中短期目标
		3	定期理财产品		1 年期中	结婚、买房、享乐账户
高风险	权益类	4	长期基金定投组合	20%～30%	3～6 年及以上（长）	圆梦计划长期目标养老及子女教育

表 62　资产配置极简版

第三，每个资产的具体比例因人而异，在“逗逼宝”*里有针对不同小伙伴给到参考和推荐。一般建议权益资产（定投组合）在整体配置中，比例大致为 20%～30%。

那么，了解资产配置的概念，有自己理财组合的话，对于定投又有什么实际意义和帮助呢？

主要有以下两点：

◎定投只是理财组合的一部分，心态更平和

◎结束一轮定投后，止盈资金的安排更合理

首先，如果定投的钱只在你整个理财组合中占据 20% 左右，长期浮亏对我们心态影响会变小。

举例：第一种情况：总资产 5 万元，如果全部用于定投，当年浮亏 40%，相当于总资产实际浮亏是 2 万元。

第二种情况：总资产 5 万元，其中 4 万元分散在活期和定期理财，综合收益 5%。还有 1 万元是定投，当年浮亏 40%。

4 万元的收益的 5% 等于 2000 元，1 万元浮亏 40% 等于 4000 元，这样算下来，当年总资产实际浮亏是 2000 元。

“20000”对比“2000”对我们的心理影响是完全不一样的。这和基金组合“东边不亮西边亮”是一个道理，整个理财组合中有浮亏的同时也有赚钱的，就会让我们的心态好很多，更容易坚持。

其次，结束一轮定投后，我们可以把止盈出来的资金分散到我们的资产配置（理财组合）中。

---

* 笔者在理财公众号上总结的 2017—2020 年理财实战指南。

资产配置组合	资金安排
活期资产	原资金＋止盈出来的部分资金
定期资产	原资金＋止盈出来的部分资金
定投计划	原月定投资金＋止盈出来的部分资金 （分成 36～60 份）

表 63 理财组合

这样的话，会不会觉得把止盈资金做了更合理的安排？

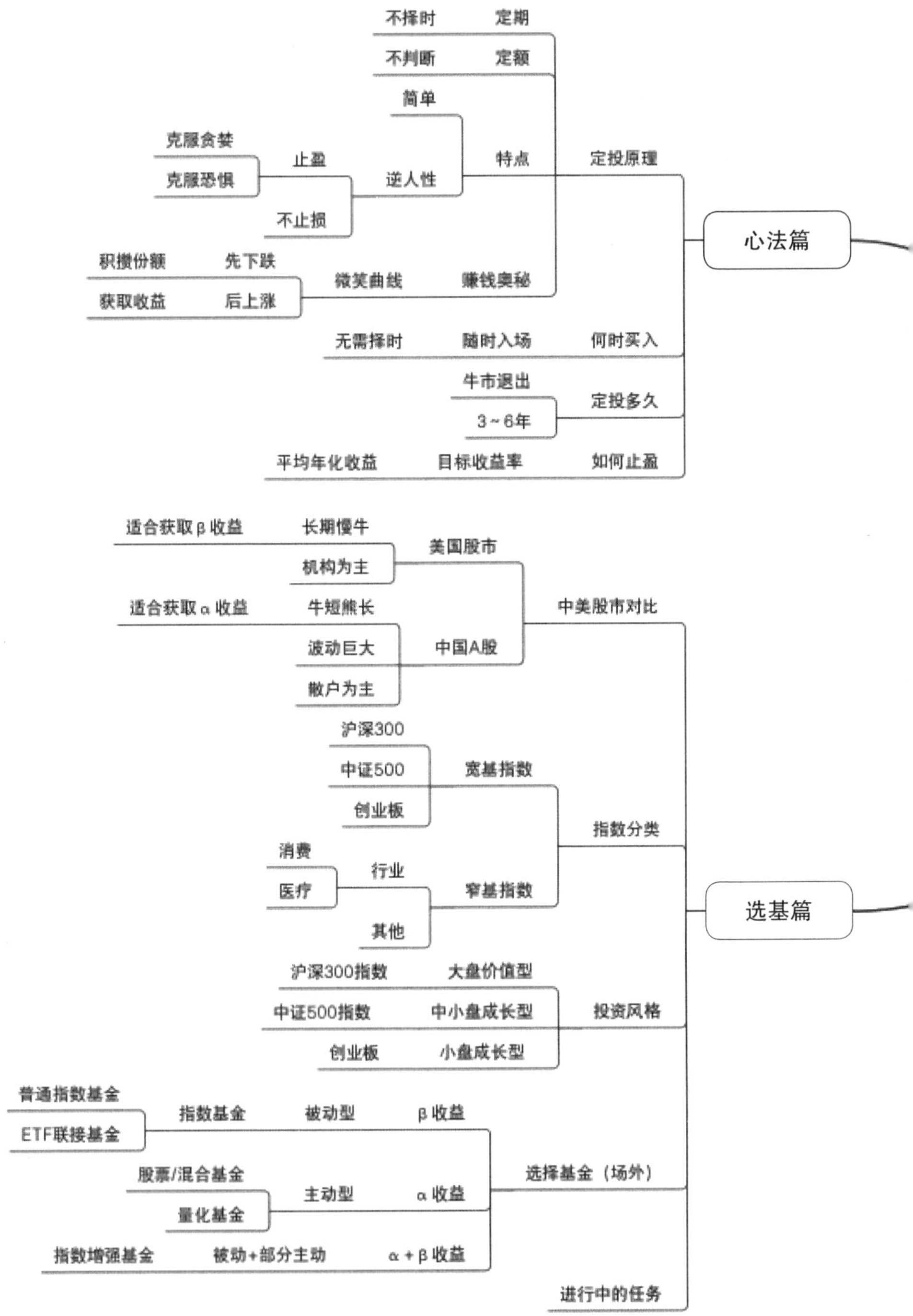
心法篇
定投原理
特点
定期
不择时
定额
不判断
简单
逆人性
止盈
克服贪婪
克服恐惧
不止损
赚钱奥秘
微笑曲线
先下跌
积攒份额
后上涨
获取收益
何时买入
随时入场
无需择时
定投多久
牛市退出
3～6年
如何止盈
目标收益率
平均年化收益
选基篇
中美股市对比
美国股市
长期慢牛
适合获取β收益
机构为主
中国A股
牛短熊长
适合获取α收益
波动巨大
散户为主
指数分类
宽基指数
沪深300
中证500
创业板
窄基指数
行业
消费
医疗
其他
投资风格
大盘价值型
沪深300指数
中小盘成长型
中证500指数
小盘成长型
创业板
选择基金（场外）
β收益
被动型
指数基金
普通指数基金
ETF联接基金
α收益
主动型
股票/混合基金
量化基金
α+β收益
被动+部分主动
指数增强基金
进行中的任务

图 59

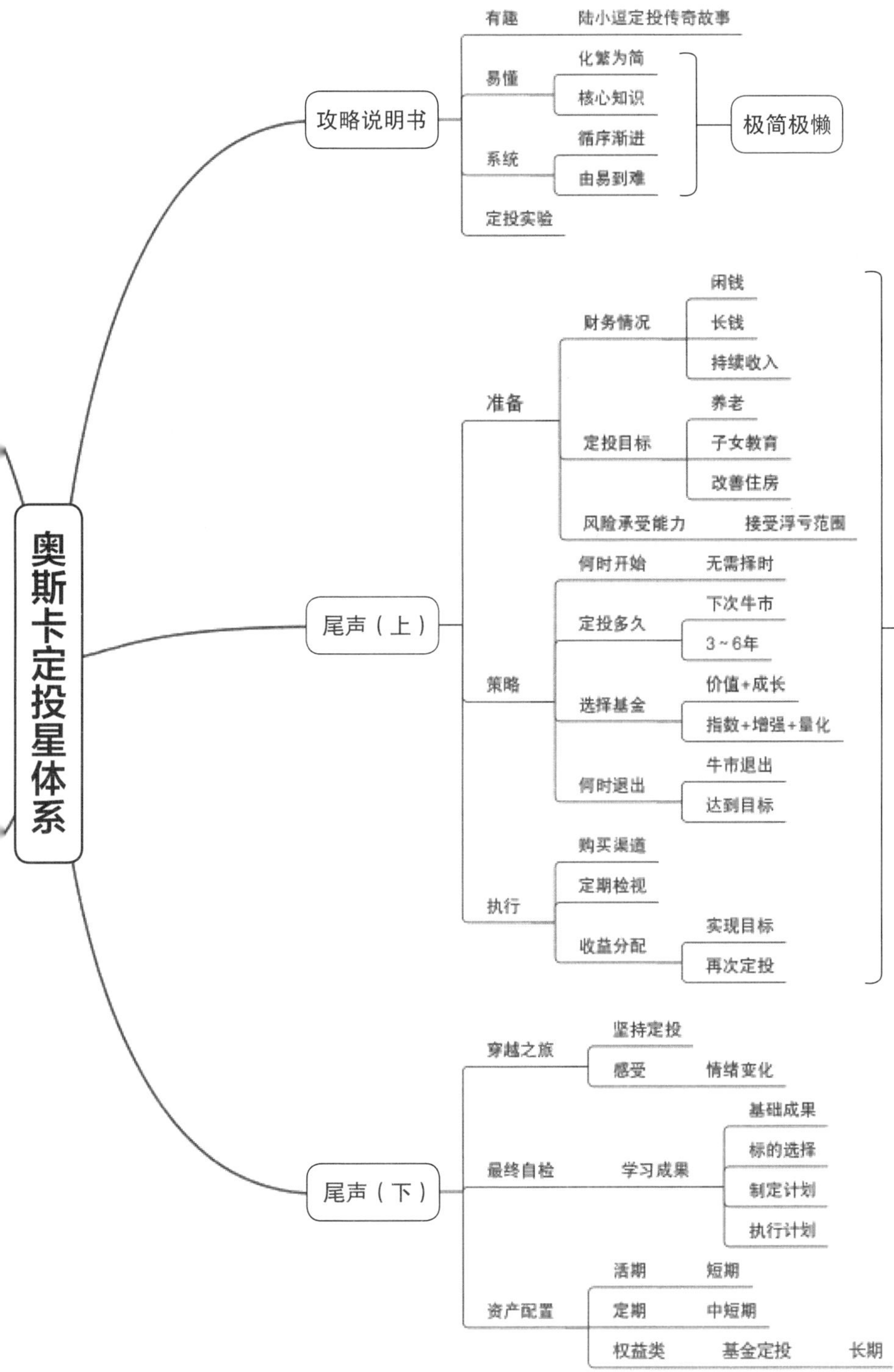
奥斯卡定投星体系
攻略说明书
有趣
陆小逗定投传奇故事
易懂
化繁为简
核心知识
系统
循序渐进
由易到难
定投实验
极简极懒
尾声（上）
准备
财务情况
闲钱
长钱
持续收入
定投目标
养老
子女教育
改善住房
风险承受能力
接受浮亏范围
策略
何时开始
无需择时
定投多久
下次牛市
3～6年
选择基金
价值+成长
指数+增强+量化
何时退出
牛市退出
达到目标
执行
购买渠道
定期检视
收益分配
实现目标
再次定投
定投执行手册
尾声（下）
穿越之旅
坚持定投
感受
情绪变化
最终自检
学习成果
基础成果
标的选择
制定计划
执行计划
资产配置
活期
短期
定期
中短期
权益类
基金定投
长期

后记

这本书总字数近 10 万！

最大的感触是，基金定投涉及的知识面实在是太广了，即使写了 10 万字，我依然觉得只能算是一些最基础的知识。

反过来想，如果一个想要通过基金定投来赚钱的小伙伴，没有了解过这些知识，只是看了几篇文章就想做好定投，真的很难很难。或许这便是为什么定投虽然很适合普通人，但最终能赚钱的却是少数吧。

这里要特别推荐大家一读再读整个定投系列！为什么？

一方面大家在看第一遍的时候，对于后面很多概念是不知道的，所以可能部分篇章阅读起来会比较费力，比如第六章出现的 α 和 β 收益的概念。

但是当整个系列都看完，你把前后知识点都串联起来的话，之前看得不是特别理解的地方就会顺畅许多了。

另一方面，有很多小伙伴是真的完全零基础在阅读整个系列，对于文章描述的一些大家不容易坚持的点，可能并没有什么感觉。

但是当你跟着定投实验进行了实际操作，有了亲身体验之后，就会容易理解文章中反复出现的浮亏、波动、无法坚持的意思了。

总之，相信当你再看第二遍的时候，感悟和感触会完全不同，一定会有全新的收获和体验。

定投疑问	可能会遇到的困惑	给“定投小白”极简极懒的答案
什么时候买	开启定投是否需要择时 特别参考指数点位、估值等	简单“懒人”，不用刻意择时 清楚自己会坚持到下一轮牛市止盈
	是否需要不定期投入 紧跟市场，跌得多就买	简单“懒人”，定期即可 不用一直关注市场，尽量远离市场
每次买多少	是否需要不定额投入 紧跟市场，越跌越买 做好资金规划，以免提前打光子弹	简单“懒人”，定额即可 尽量远离市场，用工资结余定投
定投后的操作	是否需要频繁的额外操作 指数转换，再平衡等	简单“懒人”，开启定投计划等牛市即可 即使有 1/2 个业绩变差，也不影响整个组合
定投退出	是否要学习各种止盈方式，紧跟大 V 参考各种指标（估值表等）	简单“懒人”，等下一轮牛市即可 到了年平均目标收益率，一次性卖出
选基	场内还是场外	简单“懒人”，选场外基金 自动定投最简单，长期定投手续费不用太在意
	怎么选到“最优”的基金	简单不纠结，建立定投组合 不强求“最优”，用组合代替
	是否要学习各种对比基金的参数	简化，抓一个标准 长期跑赢业绩比较指数即可
	是否需要关注国外指数	简化，A 股即可 更熟悉易懂，也有超额收益的环境
	是否需要关注国内各种指数	简化，沪深 300 +中证 500 即可 易懂、互补、经典

表 64 给“定投小白”的理财建议

（追求的是整体战略方向正确，抓大放小，越简单，越容易坚持）

虽然这个系列希望呈现给大家的是“极简极懒”，但奥斯卡自己经历的却是“极难极苦”……

要把我看过的一千多篇关于定投的文章，整理归纳成一个系列，构思一个大家能真正看懂的故事，用接地气的文字来展现，这里面的艰难困苦也只有我自己知道了。

其中最纠结的部分，就是在“多讲一些”还是“少讲一些”之间找平衡：

◎讲多了，怕铺得太开，内容多，篇幅更长

◎讲少了，又担心大家觉得我太主观，没有把各种情况分析清楚

所以，小伙伴如果你在看的过程中曾经有过这些困惑，还请给我多一份理解。这对于高考语文不及格的我来说，已经是极限操作啦。

总之，花了那么多时间，写了那么多文字，希望对大家是有帮助的。希望你真的可以更了解定投，也希望你真的更了解自己。

谢谢你们的一路陪伴！

一直以来，我对理财这件事情的认知和期待是：我们每一个人的时间精力都是有限的，对于理财学习最好不要贪多求全。如果今天研究股票，明天研究基金，后天研究黄金……那么，到头来可能竹篮打水一场空。

我不会投入过多的精力去理财，也没有专门从事理财工作的打算。我希望通过我的打理，可以保障家庭财务，并有序、合理地进行投资，让手中的钱流动起来，实现财富的不断增值，从而完成人生每个阶段的财务目标。

如果小伙伴你对于理财的认知及期待和我相似，那奥斯卡真心建议你可以先试着将有限的学习时间花在这本书的内容上。

系统学习，循序渐进，花最少的时间，学习理财最核心的知识！

最后，再次感谢小伙伴们一直以来的支持，让我们有缘再见啦！